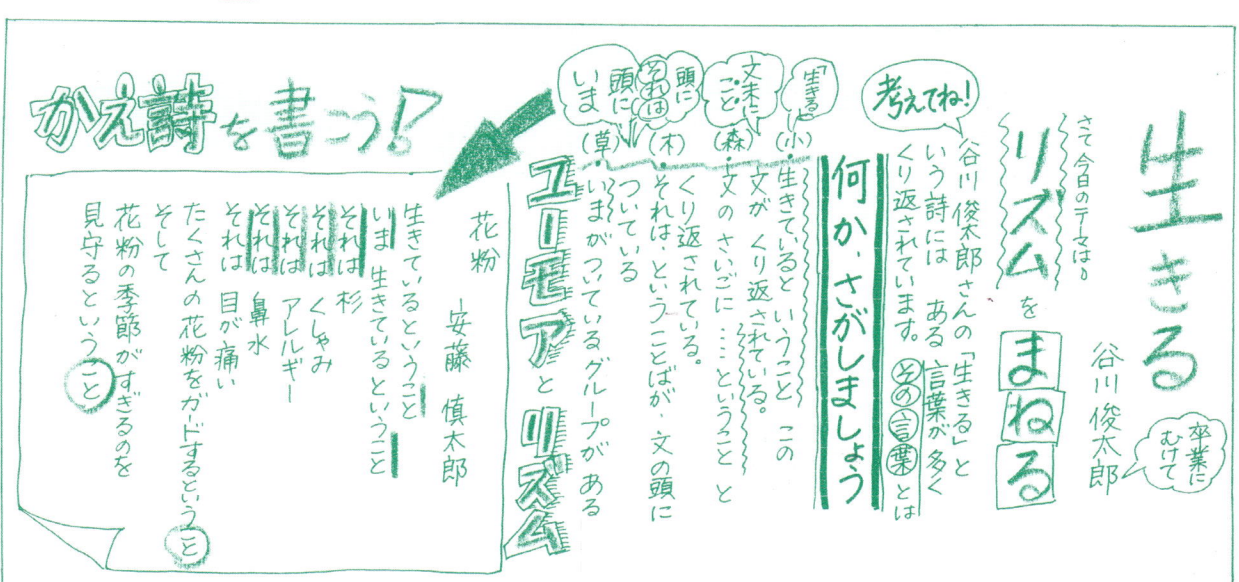

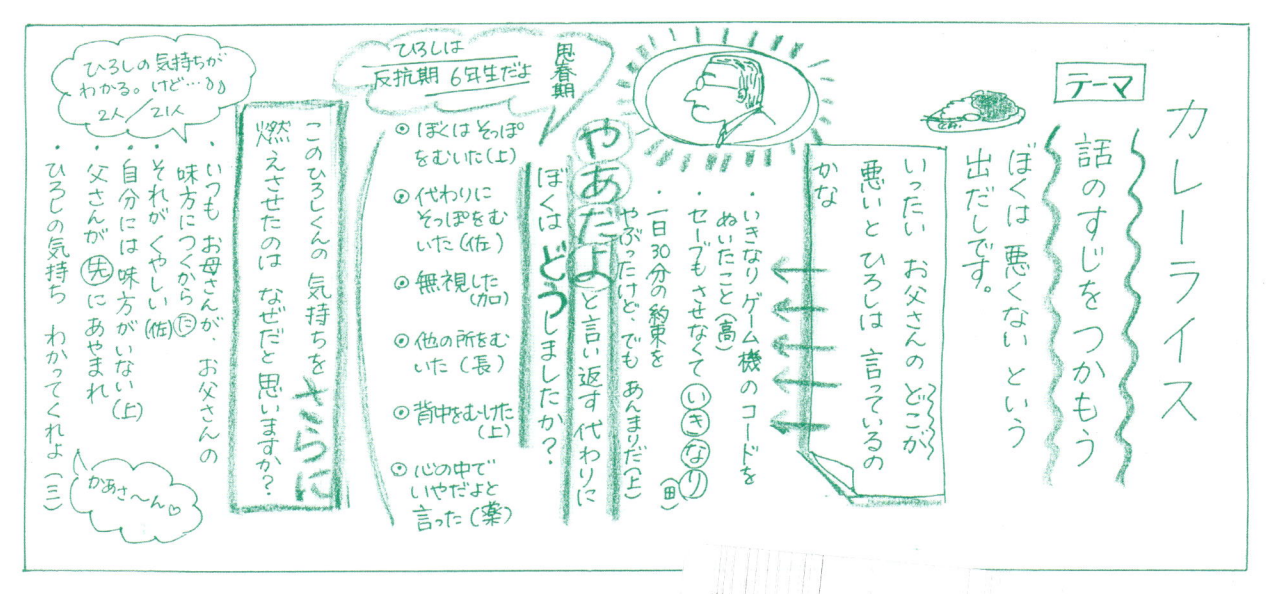

国語

生きる 谷川俊太郎 （卒業にむけて）

さて今日のテーマは、谷川俊太郎さんの「生きる」という詩にはある言葉が多くくり返されています。

リズムをまねる 考えてね！

その言葉とは 何か、さがしましょう

- 生きているということ いま生きているということ ← 文の頭（小）
- それは…ということ 文の頭にそれは（森）
- 頭に名は（木）
- 頭にいま（草）

いまがついているグループがある ついているそれは・ということば・文の頭に くり返されている。それは、ということば、文の頭にそれはがくり返されている。…ということ、という文がくり返されている。

ユーモアとリズム

かえ詩を書こう！

花粉　安藤 慎太郎

生きているということ
いま生きているということ
それは 杉
それは くしゃみ
それは アレルギー
それは 鼻水
それは 目が痛い
たくさんの花粉をガードするということ
そして
花粉の季節がすぎるのを見守るということ

テーマ カレーライス

話のすじをつかもう

ぼくは悪くない という出だしです。

いったい お父さんの どこが悪いと ひろしは 言っているのかな

- いきなりゲーム機のコードをぬいたこと（高）
- セーブもさせなくて（いきなり）（田）
- 一日30分の約束をやぶったけど、でもあんまりだ（上）
- 「やあだな」と言い返す代わりに ぼくは どうしましたか？

① ぼくはそっぽをむいた（上）
② 代わりにそっぽをむいた（佐）
③ 無視した（加）
④ 他の所をむいた（長）
⑤ 背中をむいた（上）
⑥ 心の中でいやだと言った（楽）

思春期
ひろしは反抗期 6年生だよ

このひろしくんの気持ちを さらに 燃えさせたのは なぜだと思いますか？

- いつも お母さんが、味方につくから
- それが くやしい
- 自分には味方がいない（上）
- 父さんが（先）にあやまれ（佐）
- ひろしの気持ち わかってくれよ（三）

ひろしの気持ちがわかる。けど… 2人／21人

かあさ〜ん♡

ドタバタ授業を板書で変える

溝部清彦 著

高文研

はじめに

　ある街で、イタリアンカフェに入りました。お店の人がメニューボードを持ってきました。真ん中にワインのボトルがあって、その横に本日のパスタとおすすめのピザが、絵入りで載っていました。黒板に絵がある……驚きました。
　そうだ、これを板書に取り入れたら、どうなる？
　それから、カフェのメニューボードを意識しながら授業づくりを考えました。
　もう、そこら辺のカフェの板書には負けません。この板書、ポストカードにして飾りたいな。板書アート、自画自賛の毎日です。
　でもね、もう一つ変化がありました。それは、板書に合わせて授業のスタイルが明確になりました。どんな授業のスタイルか、それには、次のような願いがありました。

◆ とにかく静かに始めたい
◆ 書く時間や読む時間、考える時間を設けたい
◆ 多くの人に発表してほしい
◆ できれば、やりとりが生まれてほしい

　写真もたっぷり入れ、ぼくの授業と板書を載せました。スイーツの本みたいにしてください、無理なことを頼みました。それも、みなさん方に少しでも楽しんでもらおうと考えたからです。
　みなさん、授業のスタイルを見直してみませんか。板書の仕方をひと工夫してみませんか。きっと違った景色が見られますよ。
　明日は、どこに行こうかな、軽い気持ちで見てください。

ドタバタ授業を板書で変える

◆——目 次

　　はじめに……………………………………………………………… 2

第Ⅰ章　絶対うまくいく、はじめの10分

　　1）だまってテーマとメニューを書く……………………………… 6
　　2）書かせたら読ませる……………………………………………… 10
　　3）板書の次は教科書を読む………………………………………… 12
　　4）黒板の使い方、書き方…………………………………………… 15
　　5）はじめの10分、まとめてみると………………………………… 20

第Ⅱ章　静かにながれる中盤の15分

　　1）はじめの問いを出す……………………………………………… 22
　　2）問いの出し方、つくり方………………………………………… 24
　　3）ノートに考えを書かせる………………………………………… 26
　　4）子どもがノートに書いているうちに…………………………… 28
　　5）いよいよ発表タイム……………………………………………… 30
　　6）質問カードでやりとり…………………………………………… 32
　　7）中盤の15分、まとめてみると…………………………………… 34

第Ⅲ章　プチ議論を起こせ、クライマックスの15分

　　1）まとめの問いを出そう…………………………………………… 36
　　2）まとめの問いってどんな問い？………………………………… 38
　　3）プチ討論を起こす討論カード…………………………………… 40
　　4）やりとりのパターンをつくろう………………………………… 42
　　5）1日1回、学習班を使おう……………………………………… 44
　　6）どこで学習班を使うの？………………………………………… 46
　　7）クライマックスの15分、まとめてみると……………………… 49

第Ⅳ章　終わりよければすべてよし、ラスト5分

1）授業のポイントを写そう……………………52
2）わかったさんのニコニコ3行………………56
3）終わり際に言う言葉…………………………58
4）全体をまとめてみると………………………60
◎教えて板書　十人十色………………………61
　　1年／くじらぐも、はこのかたち
　　2年／ぐみの木と小鳥、お手紙
　　3年／モチモチの木
　　4年／概数、平行四辺形の性質、道徳、ごみ処理
　　5年／家庭、日本の食料、電磁石
　　6年／組み合わせ、円の面積、海の命
　　ぼく（溝部）の板書

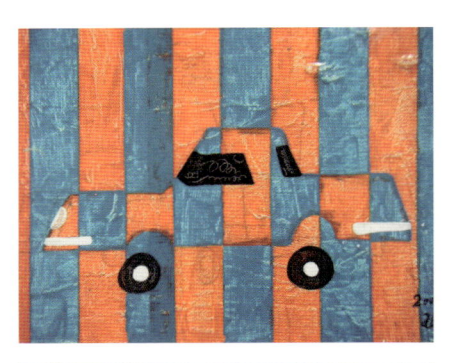

第Ⅴ章　ドタバタ資料室・アイディア集

1　教室の入口には名前をつけよう……………68
2　今週頑張ることを班ごとに決める…………69
3　おしゃべりを減らしたい……………………70
4　発表を増やしたい……………………………71
5　ほめるとき　注意するとき　5・7・5調……72
6　指名のコツは対角線…………………………73
7　もっと大きな声で言ってください…………74
8　おもいっきり怒る時はパペット……………75
9　小道具をつくろう……………………………76
10　曜日ごとに服の色を変えよう………………77

おわりに………………………………………………78

本文イラスト――――――――岩本　みよ子
装丁・商業デザインセンター――――増田　絵里

第Ⅰ章

[絶対うまくいく はじめの10分]

●授業グッズ、全員集合しました

第Ⅰ章　絶対うまくいく、はじめの10分

〈1〉だまってテーマとメニューを書く

チャイムが鳴りました。「さあ、はじめようか」子どもたちに声をかけます。はじまりは自然な形。そして、終わりはチャイムとともに去っていく、これがいつものパターン。「あれ、はじまってたの」そんな映画のような授業にしたいなあ。

授業のシナリオ

はじまりは黙って

チャイムが鳴りました。教室はまだ、ドタバタしています。
1)「テーマ」を黙って黒板に書きます。
2) ちょっとして振り向き「さあ、はじめようか。ノートに写してね」と声をかけ、本日のメニュー（学習内容）を書きます。ざわついていた子たちが書きはじめたら、こっちのものです。
3)「えらいね。静かにできているね」ほめます。そして、「いつも写すんだよ」これからのことを伝えます。

おすすめ1　テーマは興味がわくように

この時間に何を学習するか、わかりやすく書いたものをテーマと呼んでいます。理想はドラマのタイトルです。子どもたちをひきつけ、今日の学習に興味がわくような言葉にしましょう。では例を挙げてみます。

☆算数
発見・わり算のリズム

☆国語
大造じいさんの生きがい

☆理科
電流はたしざんできるの？

☆社会
足利義満ののぞみ

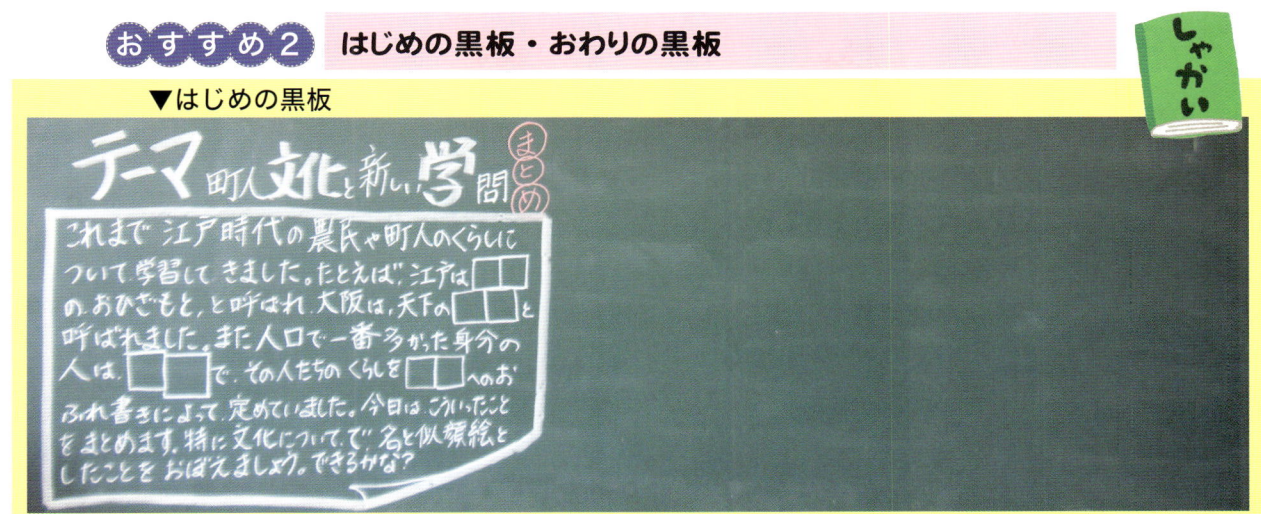

第Ⅰ章　絶対うまくいく、はじめの10分

おすすめ2　はじめの黒板・おわりの黒板

▼はじめの黒板

▼おわりの黒板

おすすめ3　本日のメニューの構成

　テーマに続けて書くのは、本日のメニュー（上の写真、左側の枠内）。これからどんな学習をするのか、説明するコーナーです。
　1）前回のまとめを4行ほど書きます。
　2）今日はどんな学習をするのか予告します。
　3）最後の文は、「今日は……についての学習です」で、締めくくります。
　全体の量としては7行ほど。黒板の左3分の1です。ここを写すことで、今日の学習の内容を理解し、納得して授業に臨んでほしいと思っています。

おすすめ4　メニューには何を書くの？

　メニューにはどんなことを書いたらいいのでしょうか。まず、授業がはじまる前に教科書をめくります。算数なら大切な言葉を囲んでいるコーナー。理科の教科書は、学習のはじめに3、4行呼びかけ文があるので、それを写します。社会は前回のまとめ、国語はこれまで学習したことをまとめます。基本は、教科書の文や前回の内容をまとめることです。

おすすめ5 テーマと本日のメニュー、これならできる

メニューにどんなことを書いているのか、実際の黒板を紹介します。

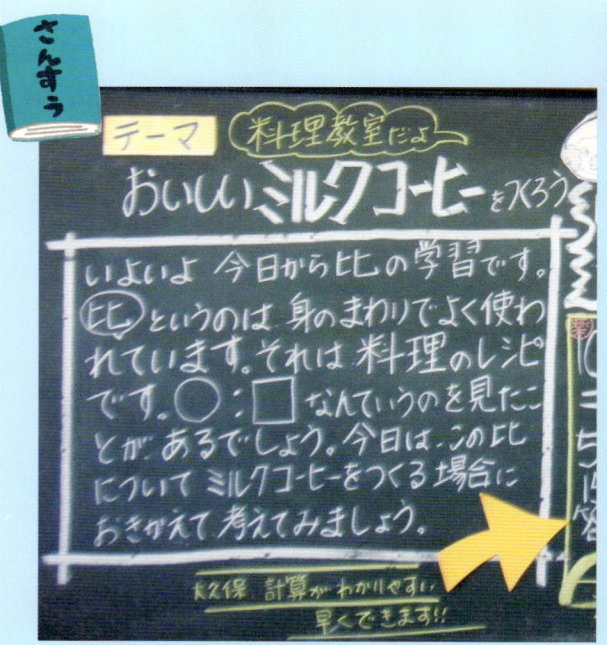

☆算数　おいしいミルクコーヒーをつくろう

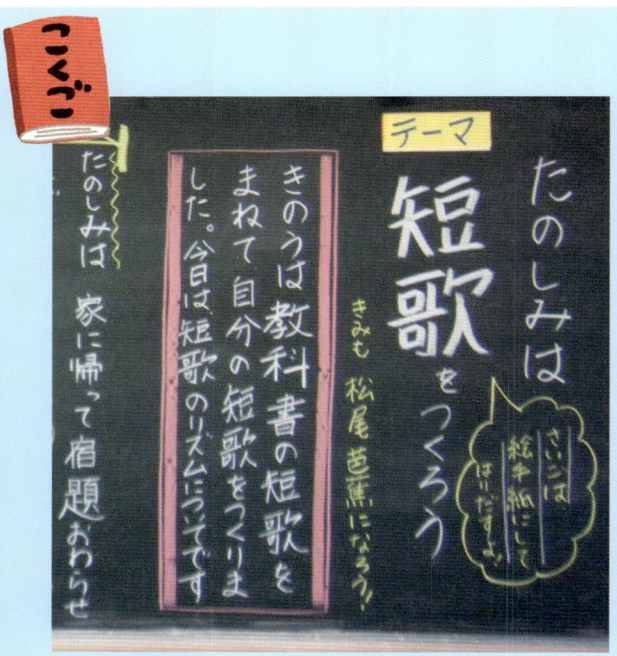

☆国語　たのしみは短歌をつくろう

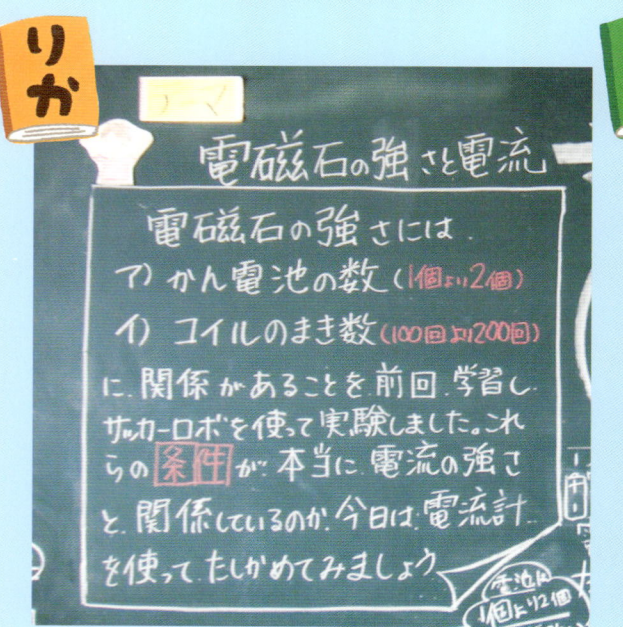

☆理科　電磁石の強さと電流

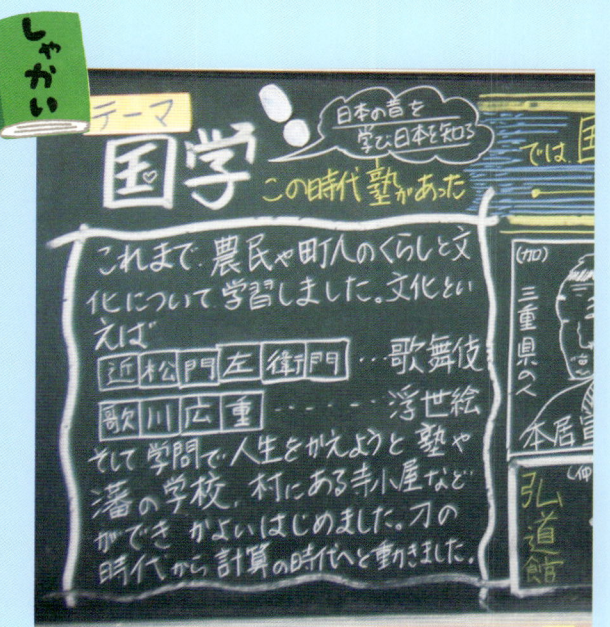

☆社会　国学　この時代塾があった

第Ⅰ章　絶対うまくいく、はじめの10分

おすすめ 6　本日のメニューにひと工夫

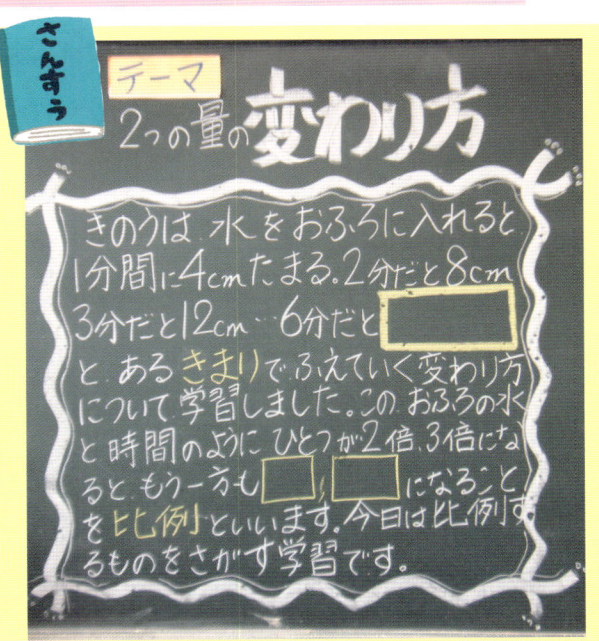

　本日のメニューは、いつも同じパターンではありません。変化をつけ、子どもを退屈させないことが楽しい授業の源です。

　左上の写真はクロスワードを埋めているところです。繰り返せば覚えるはずです。

　右の算数は、前回学習したことの復習です。ちょっとドキッとさせながら、この考え方を使い、今日の問題にアタックしようという意図が隠れています。

おすすめ 7　字の大きさは3種類、囲みはカフェ風

　上の写真のテーマの字を見てください。太いでしょう。2センチほどのチョークを横に使い、太くしています。黒板の字の太さを3タイプ用意しています（下イラスト参照）。また、学習内容の囲みも直線だけでなく、本がめくれた感じ（8ページ左下）やカフェのメニュー風の柔らかな囲み（写真上2枚）を意識しています。それだけで楽しいと思いませんか。

第Ⅰ章 絶対うまくいく、はじめの10分

〈2〉書かせたら読ませる

子どもたちは、黒板の文を写しました。次は、全員立って読みます。写した後は、大きな声で読む。変化をつけます。

声を出して読むと、スカッとして気持ちが落ち着いてくるから不思議です。

授業のシナリオ

最後のひとりをほめる

では、どうやって読ませるのでしょうか。

1) 「はい、みんな立ってください。1度読んでください」と、言います。
2) 「読み終わった人から座ってください」
   リズムよく進めていきます。
3) 読んでいる人が2、3人になったら、そっちをじっと見つめます。そして、
   「えらい。最後まで、ちゃんと読んだね」
   と、ほめます。

こうやると子どもたちは、ごまかさないで最後まで読みますよ。

おすすめ1　なぜ立って読ませるの?

子どもを立たせ、読んだ人から座らせます。「読んだ人から座ってください」こう言われると、読まなきゃって思うでしょう。必ず、読まない子がひとりくらいいますね。そこで、立って読む流れに乗せて、読み始めるしかけをつくりましょう。

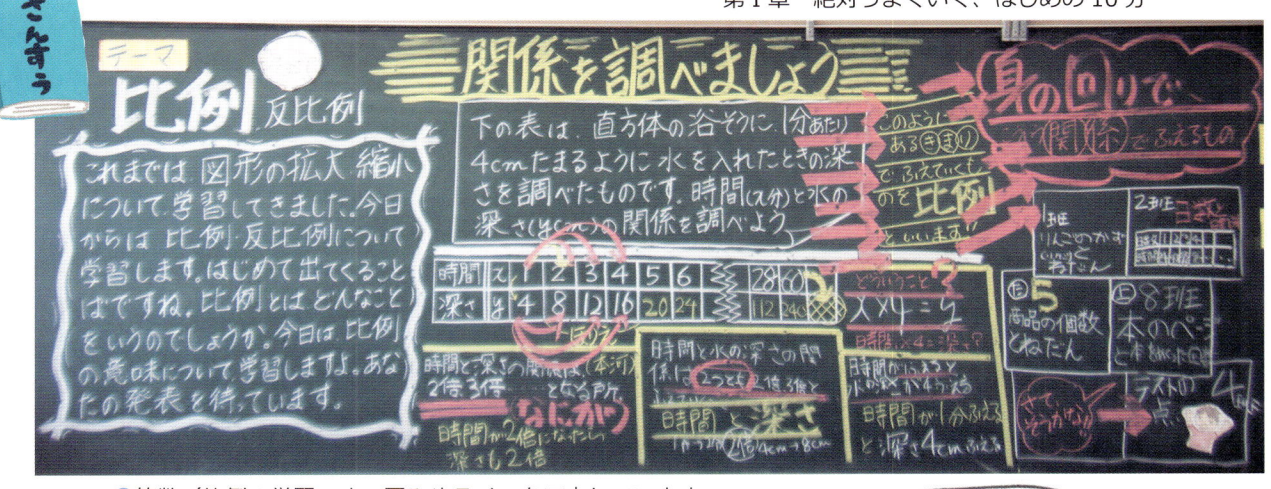

第Ⅰ章　絶対うまくいく、はじめの10分

●算数／比例の学習です。囲みやラインを工夫しています。

おすすめ2　読ませたら注文を出す

　子どもたちが立って声に出して、読みました。読み終わると座ります。この時です。「声が小さいから、もう一度」おだやかな口調で言います。読めば終わり、では雑になります。活動を指示したら、ほめて注文を出し、もう一回。すると、指示の通る、ピリッとした授業になります。

おすすめ3　集中力を育てる「対決読み」

　「2分間で暗記しよう」、時間で区切り暗誦させます。時には2人を指名して、1人ずつ読ませ、どちらが記憶しているか対決させます。音読の時も、要領は同じです。対決読み、これには子どもたちが湧きます。変化をつけ、集中力を育てましょう。

こぎつねカフェ

カフェに入ろうよ。どうして声を出して読むのかって、それは、昔々あるところに元気な子ぎつねがいたんだよ。真面目にやらない。授業のいいところで椅子から落ちる。困った。あるとき、子ぎつねに本を読ませて、みんながついて読んだら喜んだ。それが始まりだよ。初めに声を出すと落ち着くし、疲れるんだな。これがいいらしいね。どう、試してみない？

第Ⅰ章　絶対うまくいく、はじめの10分

〈3〉板書の次は教科書を読む

5分が過ぎました。こんどは教科書を読みます。教科書を読ませないと、子どもたちはどこを学習しているのか、わかりません。ときには、ラインを引かせます。

では、どんな読ませ方をするのでしょう。

授業のシナリオ

読み方のポイント

教科書を読ませる時は、

1)「先生のあとを、山びこのようについて読んでね」と言います。
　　子どもだけで読ませると、雑になるからです。
2) その上、読み方も工夫します。その工夫とは…ジャーン♪

| 語尾を上げる | 強弱を付ける | 間を取る |

毎時間、どの教科でもぼくは声を出し、教科書を読んでいます。読むと授業のリズムが生まれます。息があってくる、そんな気がします。

おすすめ1　「Wウォーク」

Wウォーク、それは歩き方です。教科書を読みながら意識して、子どもの間を歩きます。すべての子どものそばを歩こうとコースを決めています。コースとは「Wの悲劇」いえ「Wウォーク」です。

第Ⅰ章　絶対うまくいく、はじめの10分

おすすめ2　音読タッチ

　音読の工夫です。ぼくが読みます。子どもたちが、山びこのようについてきます。ぼくは、音読しながら子どもの肩にそっとタッチします。タッチされた子が、ぼくの代わりに音読します。ほかの子どもたちは、その子の読みを真似ます。
　教師が通り過ぎたあと誰かが読み始める。見ている人はびっくりです。これ人気です。

歩きながら音読する　　　肩に触れる　　　その子が読む

おすすめ3　こんなふうにほめたら受けるよ

　子どもに読ませたら、ほめましょう。
　ほめ方は「うまいなあ」「気持ちが入っていたよ」「アナウンサーみたい」「いい声だった」かな。
　でもね、クラスのムードをもっと盛り上げたい、学習って楽しいな、と思わせたい。そこで絶対受けるほめ方、教えます。暖かい笑いの渦が、きっと教室を包みます。

じっと見つめて、間をたっぷり取り「うまいなあ」

ほめながら「もう1回」を3回繰り返すと、笑う。

もっと面白く読んで！　注文を出し、もう1回とねだる。

おすすめ4　どんな子どもをほめるか

それは、こんな子どもたちです。

暴れんぼー
（何か特徴がある）

おとなしい子
（しっとり読める）

声の大きい子
（何よりも声）

おすすめ5　読ませる工夫

　なかなか参加しない子や声の小さい子もいます。そんな時、どうしたらいいのでしょう。教師が声をかけて解決するほど簡単ではありません。ここは子ども同士の交わりを仕組み、ゆるやかに働きかけましょう。

☆となり同士声を合わせて2人読み

☆となり同士交代読み

☆4人チームで順番読み

☆4人チームで声を合わせ揃い読み

第Ⅰ章　絶対うまくいく、はじめの10分

〈4〉黒板の使い方、書き方

静かに黒板を写し、音読した子どもたちは、ホッとしているはず。では、このあと板書はどうなっていくのでしょうか。黒板の使い方について説明します。

授業のシナリオ

黒板を3等分する

- テーマ　／　はじめの問い　／　まとめの問い
- 本日のメニュー（ちょっと太く書く、7行ほど、絵や図を入れてもらう）
- イ・ロ・ハ　子どもの考え
- まとめ（赤いチョークで書く、黄色いチョークで書く、ここにまとめ、ノートに写してもらいます）

　上の板書の図を見てください。黒板を3等分しているのがわかるでしょうか。

1）黒板を左側・真ん中・右側と3等分します。
2）左側にテーマとメニュー。真ん中に問題。右側にまとめを書きます。
3）本日のメニューは、他の板書と区別するために囲みを使います。
4）イ・ロ・ハは、子どもの考えコーナーです。子どもに書いてもらいます。

おすすめ1　授業の前に2つの準備

　2つの準備。それは、
- チョークの準備ときれいな黒板。
- 給食台をすみにやり、前を広く取ること。
　前はステージです（写真右参照）。

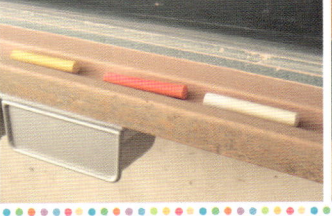

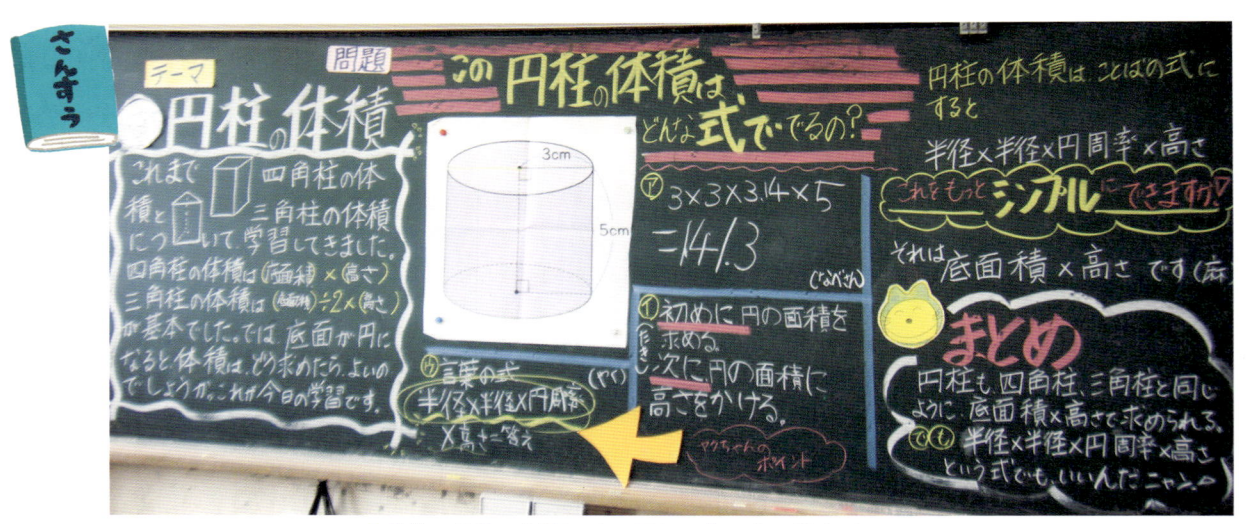

●算数・体積の学習です。黒板の使い方、基本プランです。

おすすめ2　囲み方あれこれ

本日のメニューの囲み方パターン。ちょっとしたことで板書が楽しくなるよ。

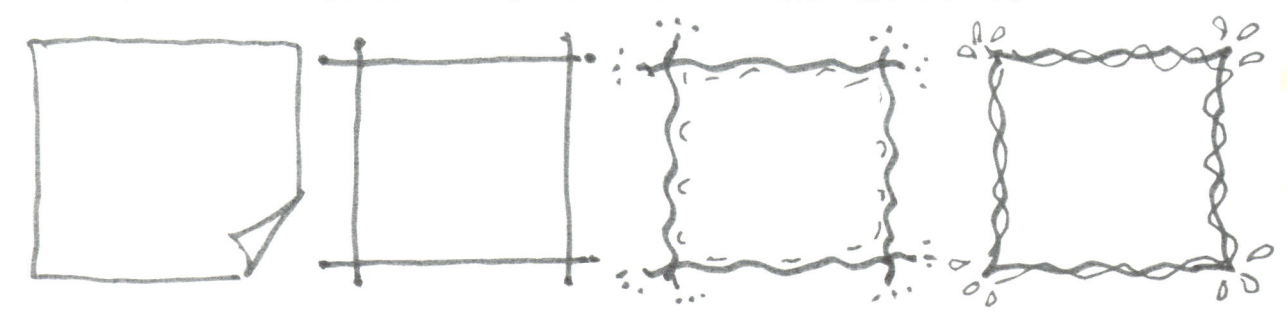

おすすめ3　チョークの横使い

豪華な板書のコツは、チョークの持ち方にあります。チョークを横に使ってみよう！　字も太くなるし、線も太くなるよ。上の写真の赤いライン、いいでしょう。

おすすめ4　真ん中に絵

忘れてはいけないことは、カフェのボードは、真ん中に絵があること。黒板真ん中あたりに、絵や貼り物をしてみよう。

こぎつねカフェ

ちょっとお茶にしよう。え？　黒板に絵が描けない、どんな絵を描いていいのか、わからないって。

それはね、困った時は、吹き出しだよ。吹き出しの持つ丸みが、やわらかな感じを演出してくれる。見てご覧よ。メニューボードには、吹き出しがあるから。

板書にも遊び心がいるってことかな。そうだ、子どもに描いてもらうといいよ。ぼくは、そうしてるよ。

第Ⅰ章 絶対うまくいく、はじめの10分

おすすめ5　国語（縦書き）の場合

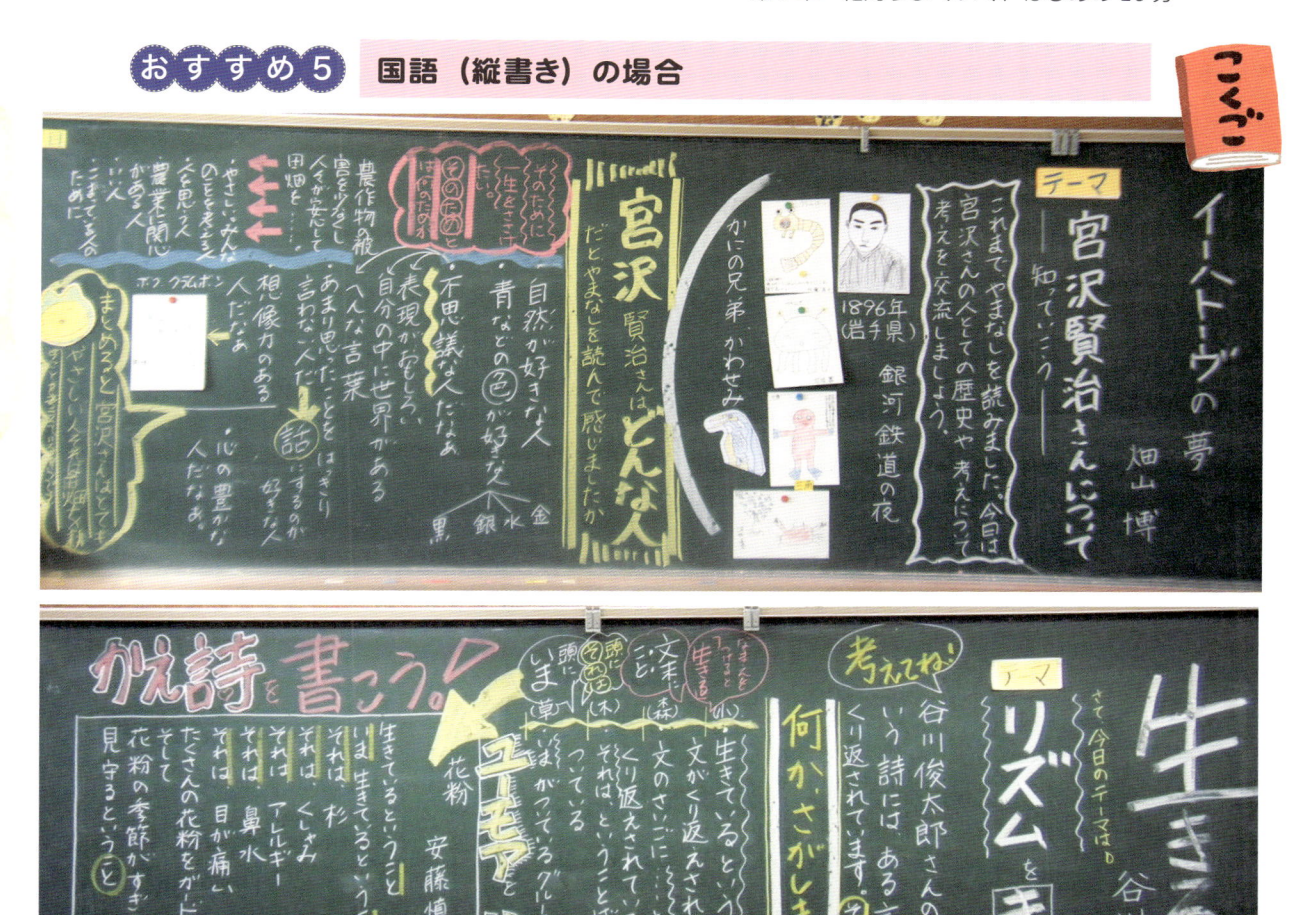

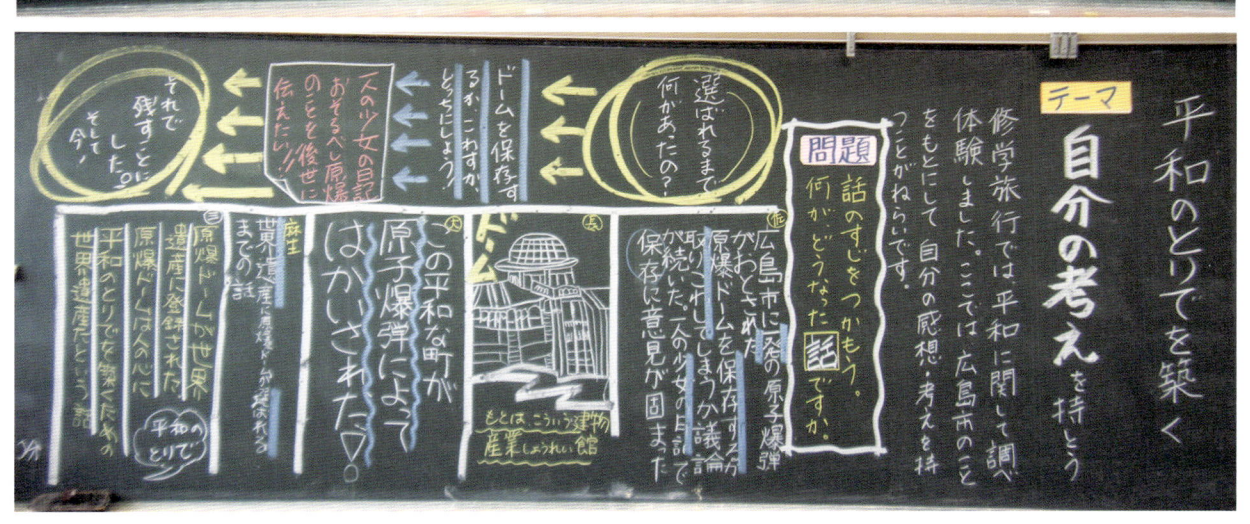

●上が宮沢賢治さんについてのまとめ、真ん中が詩の授業、下が説明文の学習です。国語の場合は本日のメニューを3行ほどにして、黒板は二階建てにします。下には子どもの考えや絵、上の部分には問題やまとめを書きます。では、他の教科も見てみよう。

板書いろいろ

りか：てこのはたらき

※「てこ」を使ったことば 知ってる？

てこでも 動かない

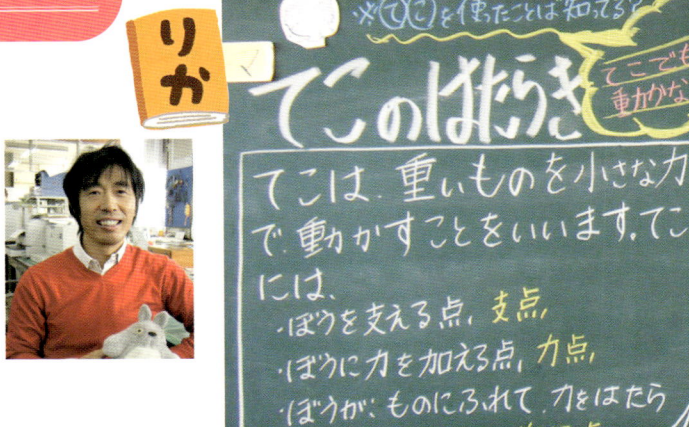

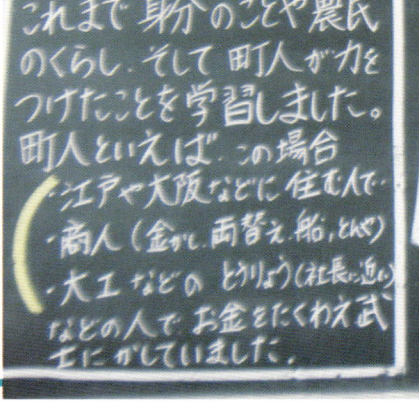

図で表すと、次のようになり

作用点　支点
60kg

てこは、重いものを小さな力で動かすことをいいます。てこには、
・ぼうを支える点、支点、
・ぼうに力を加える点、力点、
・ぼうが、ものにふれて 力をはたらかせている点、作用点、
この3つの点があります。

でもできる どうしたら…
・置く位置を変えたり、長さを変えたりするといい
だからもち上げられる

支点から作…たら重い物を…支点から点…重い物は持…た。

さんすう：円の面積

テーマ　円の面積　ちょっと変わった形です

この円の面積は どう考えれば 解けるのでしょう

前回は、円の面積の求め方について学習しました。円の面積を求める式は　半径 × 半径 × 円周率　です。
では　ミニテスト　です。面積はいくらでしょう

(ア) 8cm
(イ) 直径 10cm

3×3×3.14＝28.26　28.26
A 28.26cm²
5×5×3.14＝78.5
78.5

●黄色い部分の面積は いくらでしょうか

4cm　4cm

考え方　まず　公式をつかって 全体の面積をだす

計算コーナー
式
① 4×4×3.14＝50.24
② 2×2×3.14＝12.56
③ 50.24－12.56
　＝37.68　答 37.68cm²

・全体がわからないと
(麻)何も はじまらない
(佑)

しゃかい：町人の文化

テーマ　町人の文化　ではどんな文化があったんで

これまで 身分のことや農民のくらし、そして 町人が力をつけたことを学習しました。町人といえば この場合
・江戸や大阪などに住む人で
・商人（金かし、両替え、船といや）
・大工などの とうりょう（社長と同じ）
などの人で お金をたくわえ式工にがしていました。

ア 役者　東洲斎写楽
イ
ウ 人形浄瑠璃　もとは 歌舞伎
エ

第Ⅰ章　絶対うまくいく、はじめの10分

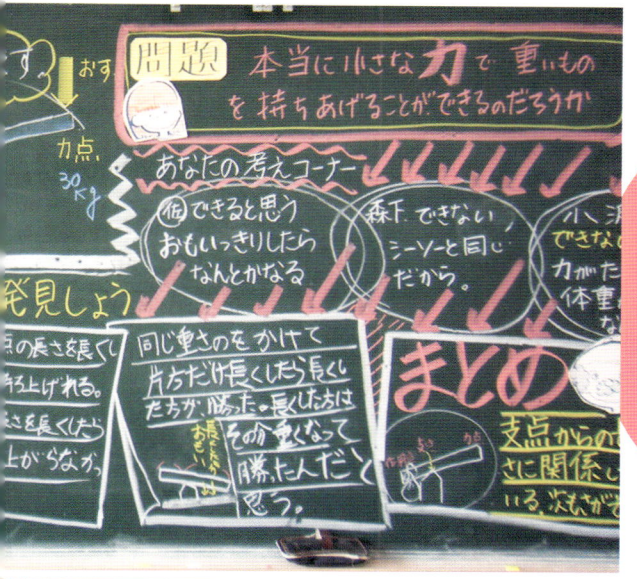

これは、お気に入りの一枚です。今日の学習は、教科書に書いてある文を使いました。

てこの絵があるところを見てください。ど真ん中です。イタリアンカフェは、ここにワインのボトルの絵がありました。

テーマの横に吹き出しがあります。（てこでも動かない）この吹き出しは、授業の終わりに登場しました。

たまには、復習やミニテスト。算数は、子どもが苦手なので、こんなことをします。

黒板を3分の1ずつ区切っています。半分にして使うには、長すぎる。3等分がバランス的にもオススメです。

言葉の式に解き方をまとめようと投げかけ、3つの大きな四角に考えをまとめてもらいました。目立ちますね。

テーマ「町人の文化」の右横に白く見えるのは、問題を出す〝歴史博士〟です。こういうキャラクターが何人もいます。

黒板に描いている絵は、子どもたちが描きました。いつも図や絵を書くように言っています。

青いラインや黄色いライン、矢印がいいでしょう。子どもは板書を写すのが好きです。

第Ⅰ章　絶対うまくいく、はじめの10分

〈5〉はじめの10分、まとめてみると

1 テーマとメニューを書こう

2 今日の内容をだまって写す

3 立って読んだら座る

4 教科書を先生について読む

第Ⅱ章

[静かにながれる
中盤の15分]

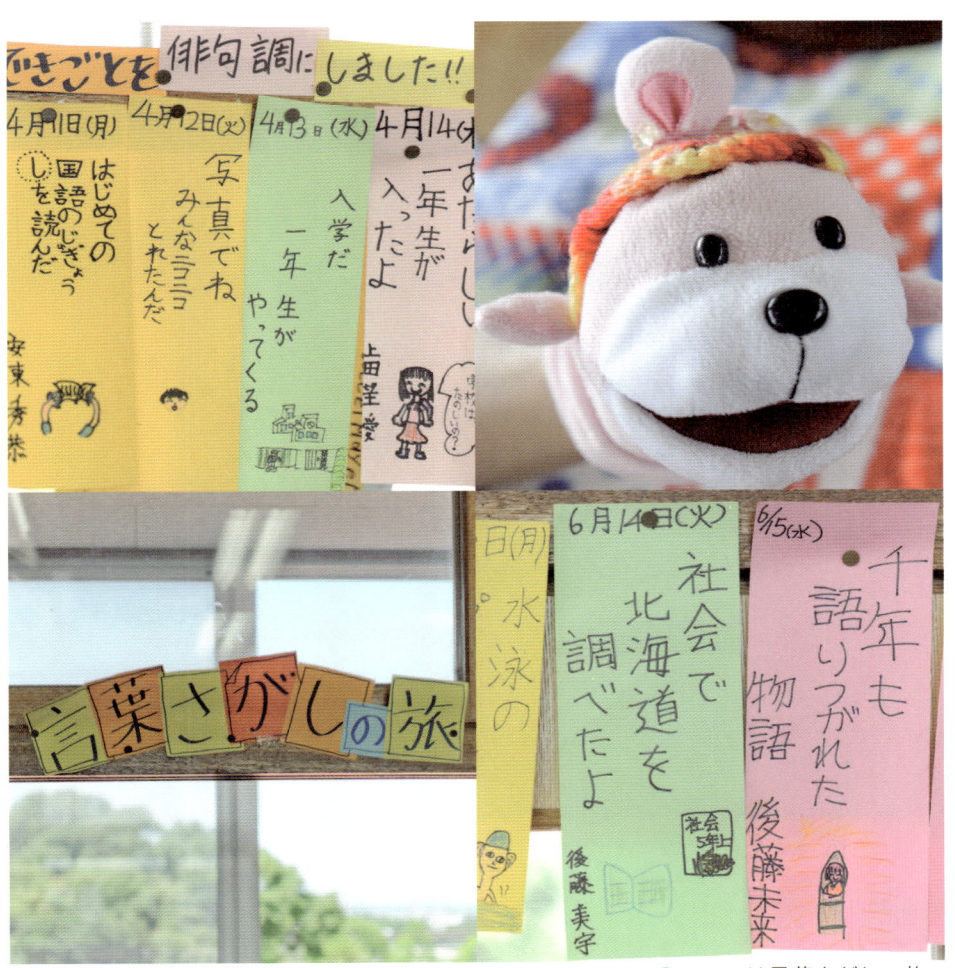

●テーマは言葉さがしの旅

第Ⅱ章　静かにながれる中盤の15分

〈1〉 はじめの問いを出す

はじめの10分が過ぎました。ここで1つ目の問いが登場します。いよいよ授業の中盤です。問いを出す瞬間、子どもの視線がぼくに集まります。うれしくもあり、うまくいくか不安な時です。でもこんな工夫をすれば、きっと楽しくいくでしょう。

授業のシナリオ

チョークの色で約束を

ぼくは黙って、黄色いチョークを握ります。そして、黒板に向かいます。学習の内容は、白いチョークで書きました。問いは、黄色いチョークにします（右ページ写真、中央上の部分）。実は、色で約束を決めています。

白色……学習の内容は白色。子どもの発言も白。ふつうは白を使う。
黄色……問いは主に黄色。黄色の問いは、ノートに考えを書くこと。（もっとも黒板に映える色）
赤色……まとめの問いは赤色。赤の場合、ノートに考えを書いたあと、まわりの人と話し合うこともある。
青色……ただの飾りのための色。問いを青で書くと見えにくい。

おすすめ1　問いを出す⇒書かせる⇒見回る

黄色いチョークの約束は「考えをノートに書く」です。
1）　タイムキーパー（タイマー）を4分にセットします。
2）　「さあ、しっかり書こう」と呼びかけます。
3）　子どもたちのあいだを歩き回り、声をかけます。

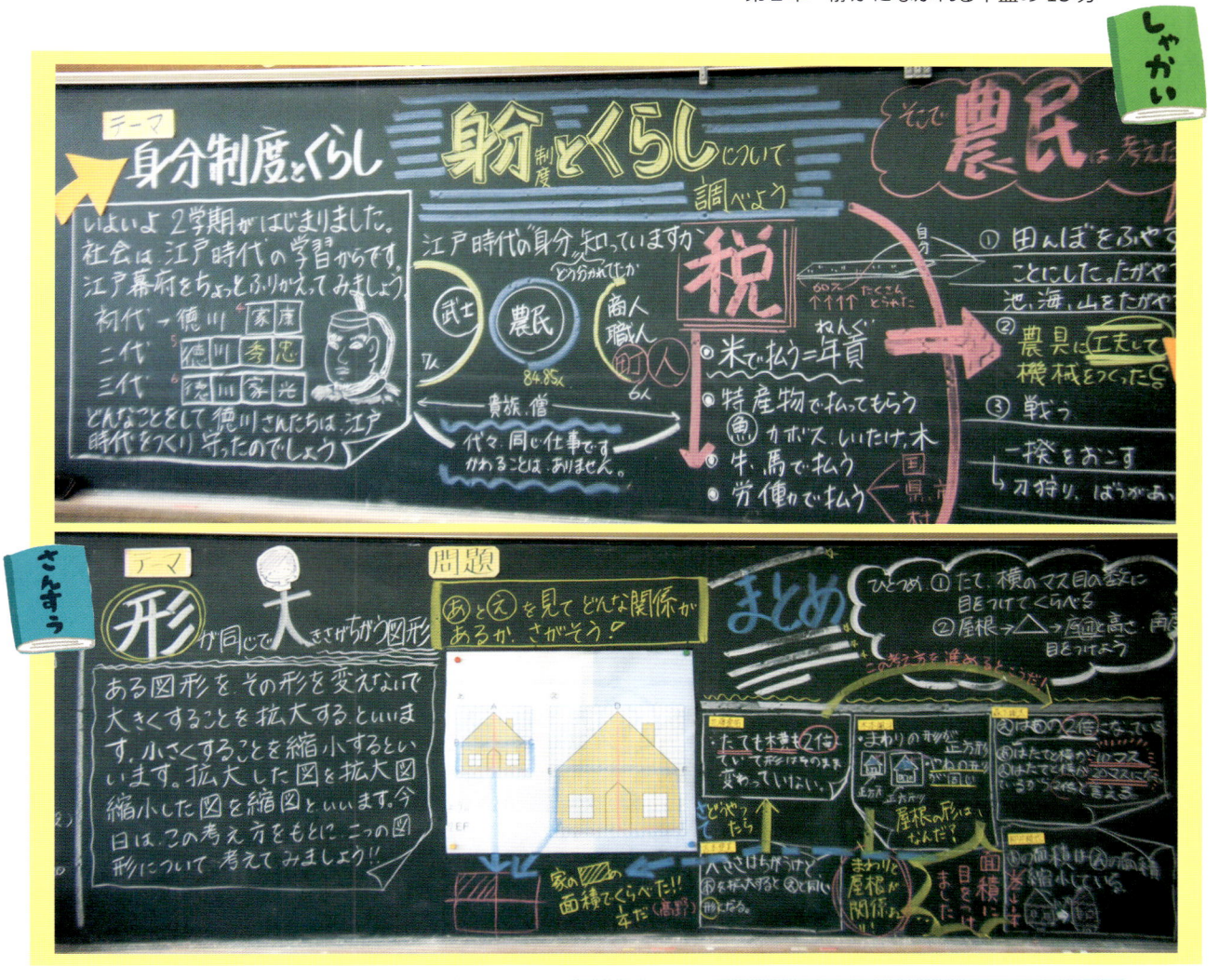

第Ⅱ章　静かにながれる中盤の 15 分

おすすめ2　カラフル板書

　上の板書は歴史で江戸時代の学習です。色に注目してください。黄色いチョークで大きく「身分制度とくらしについて調べよう」という問いを書きました。その横をブルーのチョークでデザイン風にラインを引きます。これで問いが目立ちます。

　下は算数の拡大縮小の学習です。真ん中に準備物を貼りました。

　子どもの発表は白いチョークですが、全部白だと見にくいので、わざと黄色いチョークで書いてもらいました。4種類のチョークを使い、楽しい授業をめざそうね。

おすすめ3　たまに子どもに聞いてみよう

　月末には「今月の授業ベスト3」をアンケートでとり、授業のいいところを聞きます。すると子どもから「板書がカラフルで写す気になる。わかりやすい」と、書かれるんですよ。よーし、明日もがんばっちゃおう！

第Ⅱ章　静かにながれる中盤の15分

〈2〉問いの出し方、つくり方

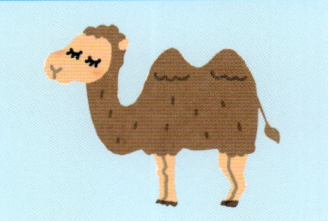

> はじめの問いをどう出したらいいのか、どんな問いをつくったらいいのか、悩むところです。
> きっと問いの出し方にも、つくり方にもポイントがあるはず。そのポイントって何でしょう。

授業のシナリオ

はじめの問いは黄色いチョーク

さて、はじめの問いを出す瞬間です。緊張するけど、まずは元気な声でいこう。

1）黙って黄色いチョークを持ちます。黒板の真ん中あたりに問いを書きます。
2）書き終わると「さあ読もう」と、問いを指さします。
3）問いを棒か指でさしながら、動くスピードに合わせて読ませます。
　　※たまにさすスピードを変え、見ていないと読めないようにしましょう。

おすすめ1　キャラクター登場

授業を楽しくするには、工夫がいるよ。ぼくのクラスでは、こんな役者がいる。

◆博士（上段・左）
　いつも問題を出す時に登場する。別名、さんすうハカセ。

◆さんちゃん（上段・右）
　できない子役。特に算数の時に、わからん、わからんを連発する。

◆スーちゃん（下段・左）
　できる子役。さんちゃんにいつもわかりやすく教える。

◆矢印くん（下段・右）
　人間ではありません。強調です。

第Ⅱ章　静かにながれる中盤の15分

おすすめ2　問いの作り方

😊これは算数の授業です。問題のつくり方は、3タイプ。
a）答えはいくら？
　単純です。
b）わかりやすい解き方で解こう！
　条件が入ります。
c）解き方を言葉の式にしよう！
　解いたあとのことを問題にしています。
💠パターンをつくりましょう。

😊これは社会の授業です。
　問題のつくり方は、パターン化しやすい教科です。
a）○○について調べよう。
b）調べたことを発表しよう。
c）苦労や特徴は何かな？
💠これで1年間、やれそうです。

😊こんどは国語です。物語だと、
a）主人公は、どんな人かわかる言葉を探そう。
b）○○に込めた思いは何かな。何と聞くところがコツ。
c）心の中でなんとつぶやいていたのかな、セリフを書こう。
💠なんでも正解、想像させる問いを多くします。

第Ⅱ章　静かにながれる中盤の15分

〈3〉ノートに考えを書かせる

問いを出しました。黄色いチョークで書いたので、子どもたちはノートに考えを書き始めました。
子どもたちも考えを持つために必要な時間です。でも、ぼくたちにとっても必要です。さてそれは、何のために？

授業のシナリオ

ノートをのぞく

子どもたちのノートをのぞきます。ときどき、問いを写すことにこだわる子どもがいます。

1）「問いを写すのはあとから。まず考えをノートに書こう」と、声をかけます。
2）「よく書けているね」と、声をかけていきます。
3）「あと2分だよ」、カウントダウンし、急がせます。
4）でも、一人一人が考えを持つまで待ちましょう。そのため「もう♪　いいかい？」と、聞いたりします。たまに子どもは、「まあだだよ♪」と答えます。

おすすめ1　子どもたちが書けるために

子どもたちのノートを見回りながら、スムーズに考えを書けるよう、あることを行います。あることとは、こんなことです。

■いい考えだね
（認める・ほめる）

■考えを読み上げる
（モデルを示す）

■もう3行も書いてるね
（急がせる）

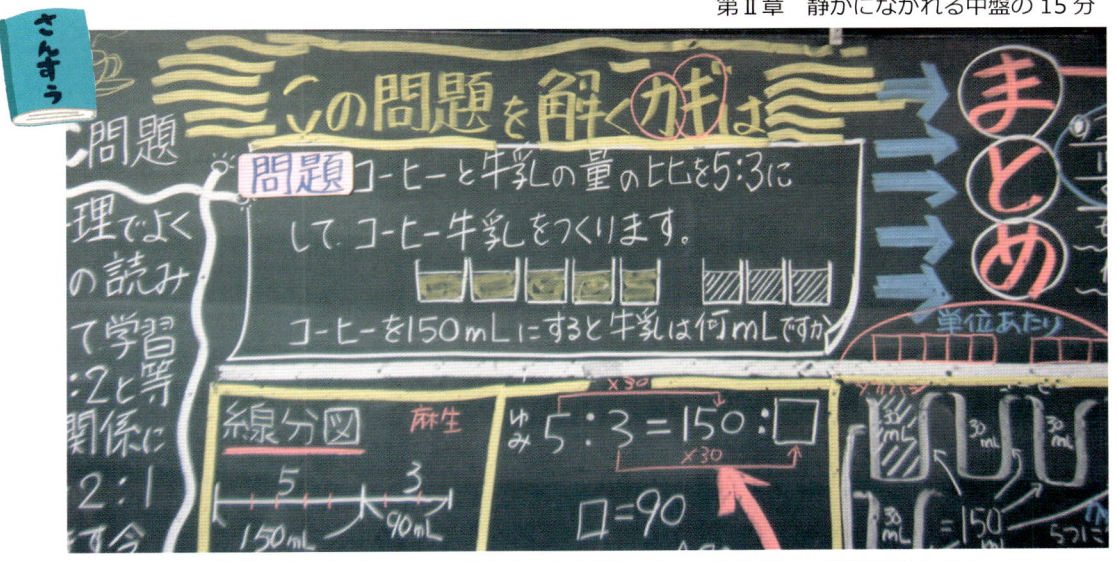

第Ⅱ章　静かにながれる中盤の15分

●算数の比の学習です。こんなふうに黄色いチョークを使い、問題を出します。

おすすめ2　もし書けていなかったら

　書けない子、クラスに何人もいますよね。特にはじめは何を書いたらいいのか、書いても正解かどうか気になって、えんぴつが動かない子がいます。ぼくも子どもの頃、そんな子でした。だから、どうしたら書けるようになるのかわかります。

おすすめ3　早くできた子には

　早くできる子もいますね。その子には、こんな言葉をかけます。この子たちに次の課題を与えていないと、うるさくなります。

第Ⅱ章　静かにながれる中盤の15分

〈4〉子どもがノートに書いてるうちに

> 問いを出しました。子どもたちはノートに考えを書いています。ぼくは机の間をWマークに歩きます。ささやきながらね。でも、頭の中では発表タイムのことを考えています。誰から当てようか。あの子をいつ登場させようか、描いているのです。

授業のシナリオ

頭にキロクする

声をかけながら、発表タイムを組み立てます。
1) どんな考え方があるのか、内容を見て回ります。
2) そして、誰から当てるか密かに考えます。
3) さらに黒板のどの位置に書いてもらうか、黒板を見ながらイメージします。
4) そこまでできたら、自分を励ます意味でも「ラスト1分！」と声を出します。

おすすめ1　誰から当てるか考える

子どもたちのノートを見て回りながら、誰から当てたらいいのか考えます。できるだけ、多様な考えが出てきてほしい。かといって、間違った答えの子どもを当てるのは、どうだろう。フォローが必要です。

❶張り切っている子　→　❷普通の子　→　❸愉快な考えの子

こういう順に当て、4番目によくできる子を当てます。この方が多くの子どもが発表できるからです。

第Ⅱ章　静かにながれる中盤の15分

●江戸時代の文化では、どんな人がいたのか名前を出し合い、枠をとりました。

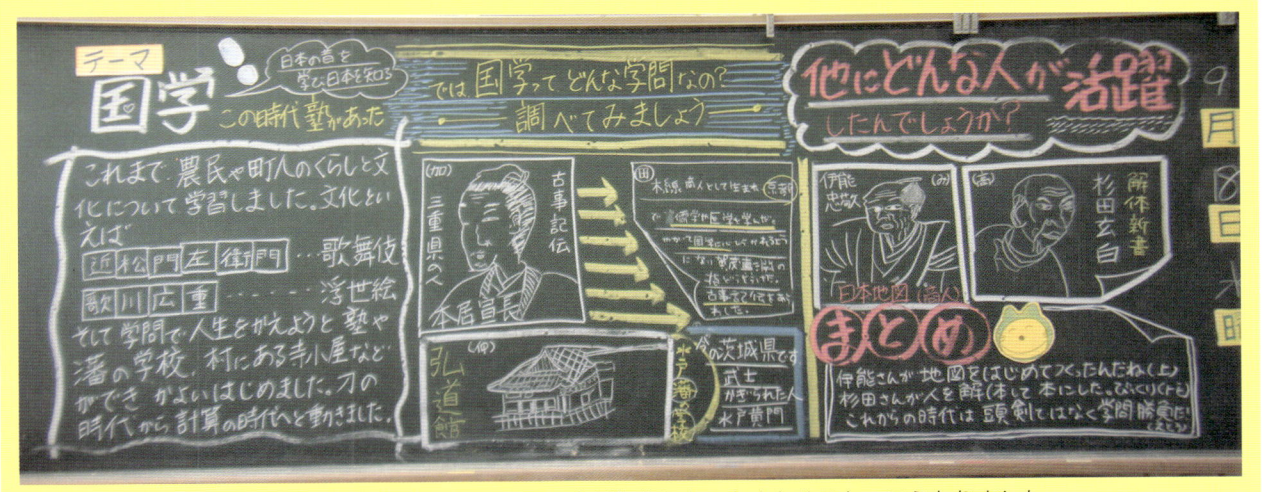

●似顔絵を子どもが描いたり、その人が何をしたのかまとめると、こうなりました。

おすすめ2　書くところを指定する

　上の写真を見てください。考えを子どもがノートに書いている間に、誰を当てるか決めました。当てられた子は、指定された欄に書いています。指定する時は、書いたあと子どもが説明する順を意識しています。

おすすめ3　時間が来たら流れを止める

　4分が経ちました。考えをノートに書く時間が終わりました。「もういいでしょうか？」授業にふさわしく、穏やかに聞きます。そして、「みなさん、エンピツを置いてください」「こっちに体を向けてください」「背筋を伸ばそうね」と、区切りをつけます。大切なことは、一度流れを止めることです。

第Ⅱ章　静かにながれる中盤の15分

〈5〉いよいよ発表タイム

「発表タイム」がやってきました。華やかな時間です。でも発表が多くても、一部の人たちばかりが活躍し、あとの子がぼんやり。それでは困ります。どんどん発表が増え、みんなが授業に集中する。そんな時間にしたいですね。

授業のシナリオ

弾んだ声でリズミカルに

発表タイムは前半の山場。教師も弾んだトーンで楽しい授業を演出しましょう。

1）「では、考えを発表しましょう」と、呼びかけます。
2）子どもたちが手を挙げると、すぐに指名しないで「勇気を出して発表しようよ」と、子どもたちを励まします。←これ大切です。
3）パラパラと増えたところで「○○さん、どうぞ」微笑みます。
4）1人が終わると「なるほどね」と短くコメントし、ちょっと間を空けて、次の人を当てます。間があることで、より集中します。

おすすめ1　子どもの発表に短くコメントする

子どもが発表すると、コメントが必要です。それも、ほっとするような「受け入れてもらった…」と、安心するコメントです。そして拍手をします。これで、リズムが生まれます。

◆なるほどねえ…　　◆そういう考えもあったか　　◆人それぞれだね

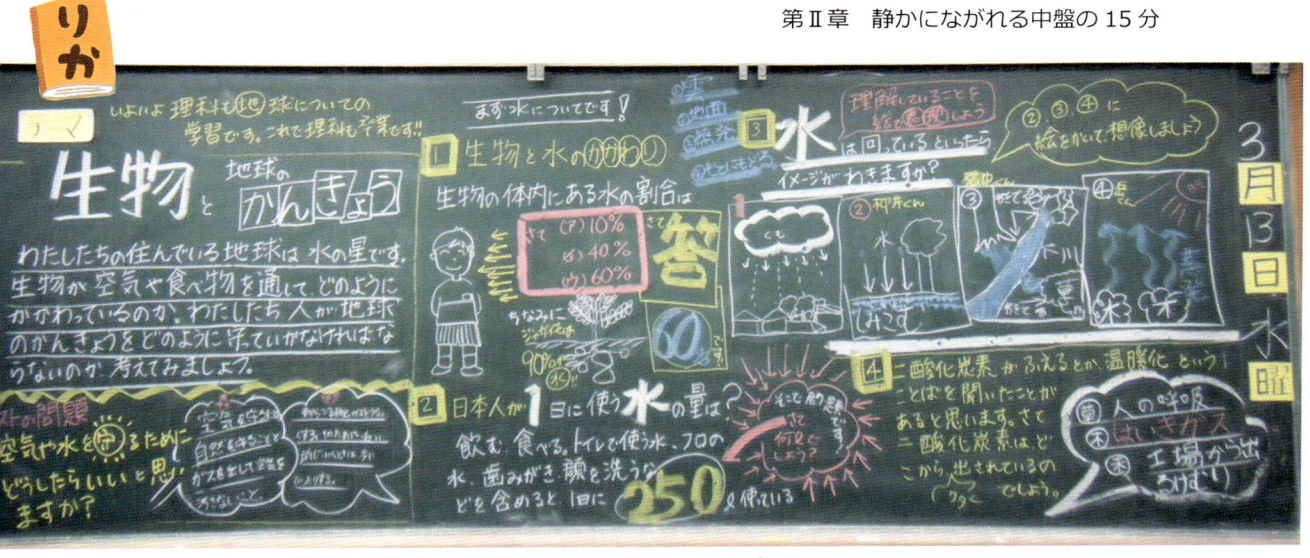

第Ⅱ章　静かにながれる中盤の15分

●理科の学習、地球環境についてです。クイズを取り入れました。

おすすめ2　「次にきみ、あてるよ」予告する

　はじめは、たくさんの子が手を挙げていたのに、誰かが発言すると、とたんに激減した、なんて経験はありませんか。ありますよね。そこで、子どもを当てた時に、「次はきみを当てるからね」と予告します。すると簡単には減りません。

◆次に当てるからね 　　◆きみは4番バッターだ 　　◆考えが同じでも自分の言葉で言ってごらん

おすすめ3　ギクッとさせる

　発表➡コメント➡拍手と3拍子のパターンをつくりました。ところが相手もさるものです。宴会調で拍手して、発言を聞いているようには見えません。ここで、ちょっとギクッとさせたくなりました。

　そんなとき、こう言います。「きみ、もう一回くりかえしてみて」すると、授業を聞き流さなくなります。

第Ⅱ章　静かにながれる中盤の15分

〈6〉質問カードでやりとり

発表タイムも順調に進んでいます。子どもも張り切り、どんどん手を挙げてきます。「なんだかいい調子」うれしくなりました。でも、ここに落とし穴が…。
当てる➡発表する➡当てる➡発表する、では単調すぎませんか？

授業のシナリオ

相手の意表をつく

子どもたちは発表し、拍手され安心しています。でも、安心はすぐに慣れに変わり、緊張はゆるんできます。それを見通して準備をします。
ああ、そうだ。この準備は、ゆるみ始めた時期から導入してください。はじめの1、2カ月はほめることに重点を置き、そのあとスタートするといいですよ。
1）授業の始まる前に「質問カード」を用意します。
2）「質問してくれる人？」と呼びかけます。
3）「この時間、一回は質問してね」と、希望者に好きなカードをわたします。

おすすめ1　質問カード

誰かが発表する。すると、応答してほしい。そこで考えたのがこのカード。
- 「すみません、ゆっくり言ってください」
- 「どうしてそう思ったの」
と、質問します。他には、
- 「わかりやすく言ってください」
- 「どういうことですか」

やりとりが増え、説明する側にも工夫が生まれます。

第Ⅱ章　静かにながれる中盤の15分

●黒船について調べたことを書いています。

おすすめ2　質問カードをつくろう

右側のカードは、実物大です。
これをコピーして使ってみてね。

おすすめ3　誰にわたす?

スタート時は、うしろの席の元気者にわたします。うしろから全体を巻き込み、質問ブームをつくりたいからです。そのうち、席の配置を見ながら希望者にわたします。

おすすめ4　カードをいつ使う?

「○○さんが発表したら質問して」とか、「この時間のどこかで」など、使う時を具体的に言います。

それでも忘れていたら、その子をじっと見つめます。

おすすめ5　質問の最後に名前をつける

楽しく質問したいですね。そこで質問の最後に相手の名前を付けます。「わかりやすく言ってください。安藤さん」、語尾を上げるともっと暖かくなります。こう言われると、答えないわけにはいきません。

第Ⅱ章　静かにながれる中盤の15分

〈7〉中盤の15分、まとめてみると

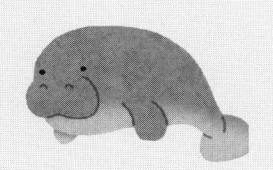

1 問いを出そう

2 Wコースでみまわろう

一人ひとりに声をかけよう

3 ほめる　はげます　たまにおどす

4 発表タイム　ひと工夫だ

ひかえおろー

こぎつねカフェ

ノートに考えを書かない子がいたらどうするかって？
きっと一人はいるよね。小次郎も「勉強捨てた」って言ってたなあ。でもね、こうしたら少しは書き始めた。
それは、仲良しを隣に座らせて、ノートを写させたんだよ。何もしないより、写した方がいいやろ。勉強が苦手な子は、何を書いていいか、困ってるんだよ。
優しくしてあげてね。特にはじめはね。

第Ⅲ章

［ プチ議論を起こせ
クライマックスの15分 ］

●子どもたちのやりとりでなごやかに。

第Ⅲ章　プチ議論を起こせ、クライマックスの15分

〈1〉まとめの問いを出そう

　授業も後半です。ここまでくれば、うまくいったようなもの。静かな授業は展開できましたか。これからはやりとりです。討論とは言いません。プチ討論でいいので、子ども同士のやり取りをおこしたい。そこで、まとめの問いを出します。

授業のシナリオ

赤いチョーク

　いよいよ2つめの問い、まとめの問いです。子どもたちは、今度はどんな問いだろうと興味をもって見つめています。

1）赤いチョークをもちました。問いをちょっと太い字で書きます。
2）そして、枠で囲みます。
3）囲むと「声に出して読んでみよう」と言って、一緒に読みます。
4）「ラストクエスチョンだよ」「もうひとがんばりだよ」と、声をかけます。
5）子どもたちは再びノートに考えを書き始めます。

おすすめ1　チョークの色は赤

　ここで使うチョークの色は赤です。
　黄色は、はじめの問い。赤は、まとめの問いと区別しています。
　イメージしてみて。黒板に黄色の字と赤の字が並んでいる。美しいよ。しかも子どもたちは、「赤だ。これで終わりだ」と、最後の力を振り絞るよ。

第Ⅲ章　プチ議論を起こせ、クライマックスの15分

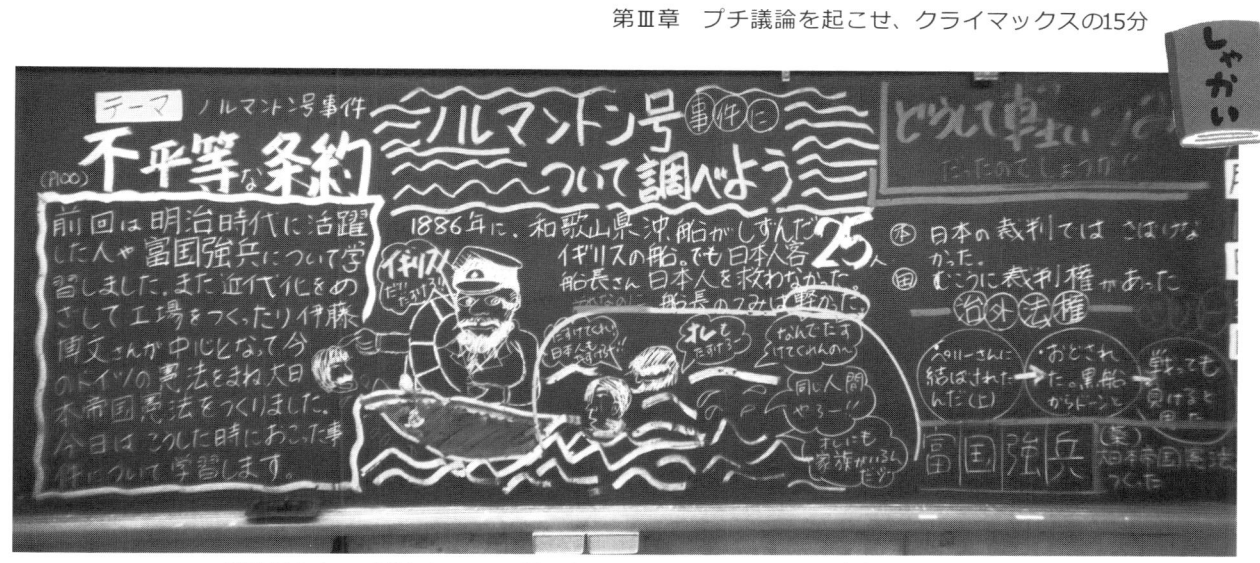

●黒板右上の「どうして…」が、まとめの問いです。囲みに変化をつけました。

おすすめ２　一時間に問いは２つ

　１時間で大きな問いは２つ。はじめの問いと、まとめの問いです。たまに細かく質問することもあるけど、２つがやっぱりいいです。
　少ない分、子どもが考える（ノートに考えを書く）時間をたっぷりとります。その間にぼくは子どもに声をかけ、対話します。問いは黒板に書いているので、わかりやすいと好評です。

おすすめ３　話は短く、問いは繰り返すのみ

　あなたは話しすぎていませんか。長い説明が丁寧だと思っていませんか。問いを出して、子どもが反応しなかったら、言い換えていませんか。それはストップ。
　教師の話は短く、問いは繰り返すだけ。リズムが必要です。
　どれくらい自分が話しているか、チェックしよう。ぼくは、時計を見て話したり、ビデオに撮って確かめたりするよ。おかげで自分の中に、客観的な自分がいます。
　あなたは子どもに聞いてみたらどうですか。
　「先生の話は、ちょうどいい長さかな」ってね。

おすすめ４　問いの囲みはメリハリ

　そうそう、まとめの問いの囲みは、変化をつけよう。はじめの問いが四角なら、次は「ふにゃっ」と、はじめが吹き出し調の枠なら、次は「ビシッ」とした囲みがいいよ。

第Ⅲ章　プチ議論を起こせ、クライマックスの15分

〈2〉まとめの問いってどんな問い？

まとめの問いは、プチ討論が起こることを意識しています。前の段階で考えが出ている。そのあと、視点を出して選ばせ、みんなの発表を聞き、交流するコーナーです。やりとりを起こすためには、どんな発問がいいんでしょう。

授業のシナリオ

パターンは3つ

パターンは、3タイプあります。

1) どれがいいのか選ぶ問い。選ぶ視点を出すともめる。討論になるからです。
2) 発表を聞いて共通していることを探す、見つける問い。見つけたことが違いになって、そこで討論になる。
3) 切り返す、「ほんとうにそうですか」と聞き返す問い。一度静まり返るけど、再び「それは…」と言って、発言が続くことが多く、盛り上がる。

おすすめ1　まとめの問いをつくる

はじめの問いは出し合うため。ここでの問いは、それをしぼり、理由を出し合いながらまとめる問い。では、具体的にどんな問いかな。

◆算数　わかりやすい仕方はどれですか　（いいところを出し合う）
　　　　かけ算の仕方を3段階でまとめよう　（まとめ方を競う）
◆国語　どの見出しが、あなたはぴったりですか　（選ばせる）
　　　　作者の言うことを信じますか　（説明文の要点をまとめたところで）
◆社会　一番のヒミツはどれでしょう　（だいたい、なんでも通用する問い）
　　　　家光のすごいところはどこですか　（羅列した中から選ぶ、まとめる）
◆理科　本当に〜だろうか　（疑問を投げかける）
　　　　経験したことがありますか　（自分の経験を出し合う）

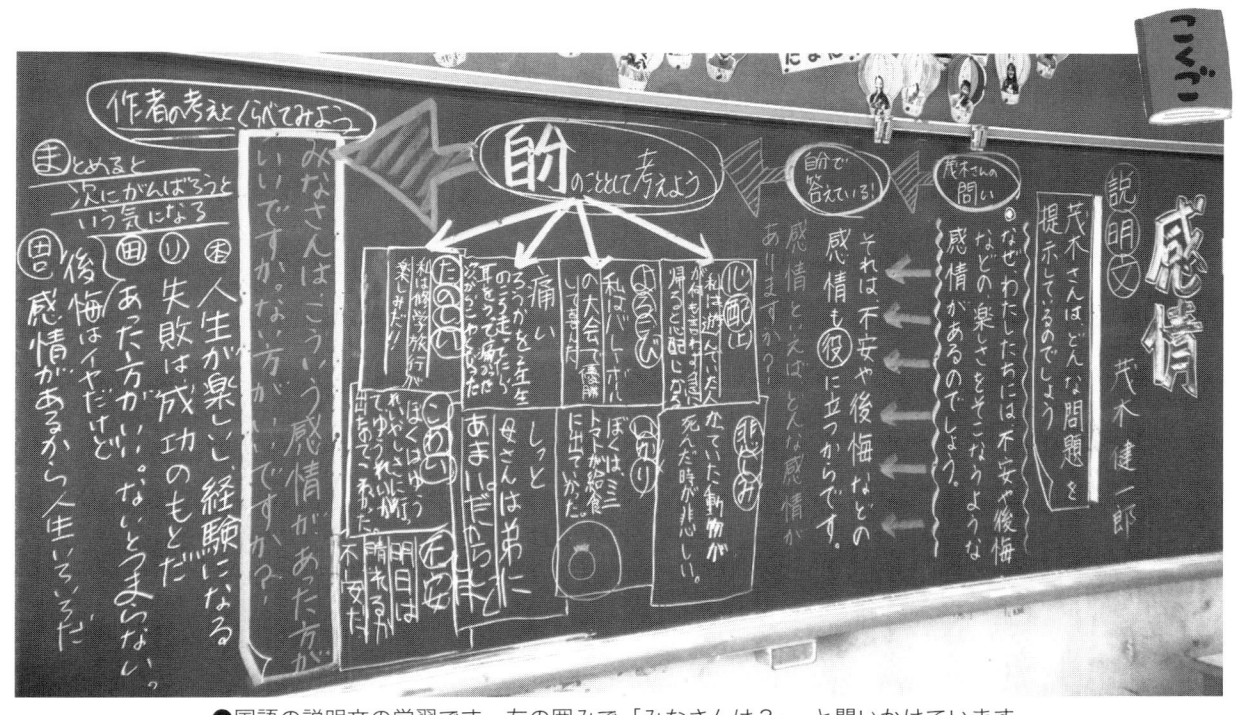

第Ⅲ章　プチ議論を起こせ、クライマックスの15分

●国語の説明文の学習です。左の囲みで「みなさんは？」と問いかけています。

おすすめ2　自分が出てくるように

問いを考える時、意識していることは「自分が出てくる」ことです。

学ぶということは、自分づくり。だから「あなたは…」というフレーズを意識して入れ「自分の考えを持ってよ」と働きかけています。

こういう問いだと、子どもは自分のこととして受け止め、おきかえて考えます。その分、おもしろいですよ。

おすすめ3　自分が出てくる問い方

◎どんな問いなのか、お見せします。
- あなたは、どれがしやすいですか　（算数）
- あなたも、こう思ったことがありますか（国語）
- 一人ぼっちのごんと似た経験があるかな（国語）
- 信長、秀吉、家康だれが一番好きですか（社会）
- 藤原氏が力を持った一番の理由は何かな（社会）
- 速いソーラーカーをつくる秘密は？　（理科）

第Ⅲ章　プチ議論を起こせ、クライマックスの15分

〈3〉プチ討論を起こす討論カード

　プチ討論を起こしたい。そりゃ討論が起こればいいけど、そこまでは望まない。ちょっとしたやりとりでいい。「ちょっと、待って！　あのね…」関わりを求める意見が生まれると「ああ、ガッコウの先生になってよかった」なんて思うよ。

授業のシナリオ

討論は自然とは生まれない

　放っていては、討論は生まれません。「じゃあ、討論してよ」と頼んだところで、「どうしたらいいのか、わからない」子どもたちは答えるでしょう。グッズがいるんです。一緒にグッズをつくりましょう。

おすすめ1　討論カードをつくりましょう

　意見の言い方を書いたカードが討論カードです。相手の意見にツッコミを入れる、そんなイメージです。

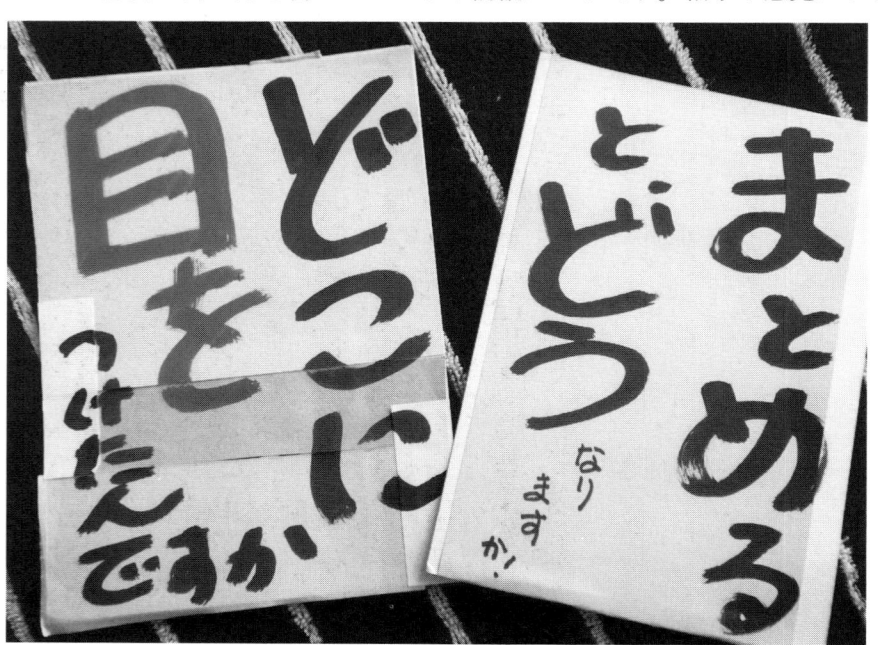

- どこに目をつけたんですか
- まとめるとどうなりますか

　左の他にカードは、

- なるほどなあ、でも
- 言いかえると
- そうかなあ

　などがあります。こう言われると相手は黙っていられません。これも授業の始まる前に配ります。

第Ⅲ章　プチ議論を起こせ、クライマックスの15分

●算数で拡大縮小を学習しました。子どもを当て、考えを書いてもらいました。

自分の考えを書いた子どもは、その説明をし、黄色い板型磁石で作ったネームプレート（右黒板、それぞれの囲みの左上）をおきました。

こういうグッズは便利だし、見栄えもいいよ。

おすすめ2　考えに子どもの名前をつける

「あなたは、どれが一番簡単なやり方だと思いますか」選ぶ問いを出したとします。

「わたしは…」と意見を言うでしょう。考えを黒板に書きます。

その時、選んだ考えのところにネームプレートをおきます。発言したら名前を刻まれるのです。初めて星を発見した人のように。

おすすめ3　ちょっと待ってカード

右のカードは、「ちょっと待って」カード。一番人気です。

このカードを持つと、「ちょっと待って！」と、前に出てきて黒板に書いてある考えを指して、「ここがわかりません」と、言います。

この「前に出てくる」という動き、なんて積極的なんだろう、と大人の間でも人気です。

おすすめ4　最後に相手の名前を

この場面でも相手の名前を文末につけます。「ここがわかりません、○○さん」、最後に名前を呼ばれると、黙ってはいられない。何より話を聞きます。

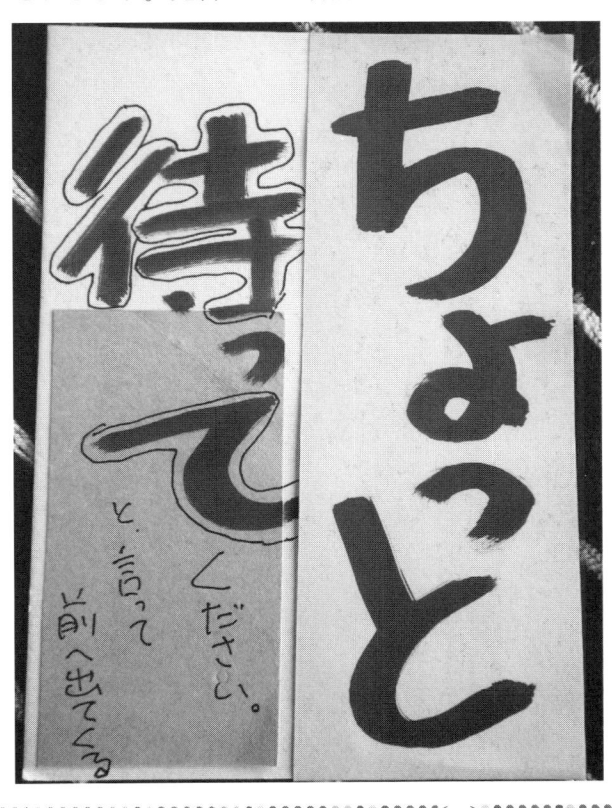

第Ⅲ章　プチ議論を起こせ、クライマックスの15分

〈4〉やりとりのパターンをつくろう

　これは、ちょっとおもしろいよ。討論を起こしたい。でも、簡単には起きないよ。何度も経験したからわかる。授業のいいところでシーン。「なんでー」みたいなことあったなあ。そこで考えたのがこのパターン。ぼくが見つめると、子どもが反応してくれる。そのひみつは…？

授業のシナリオ

早いうちに役を決める

　授業の中で、どんな役者がいたら盛り上がるか想像してみよう。
1）できる子に向かって質問する子が必要だな。
2）ある子が言うと「うーん、そうかな」と、首をかしげる。そんなライバル関係にある子がいるといい。
3）声の小さい人に「聞こえませーん！」と、注文を出す人がいると助かる。役というのは人柄です。向いている子がきっといる。誰かが発言したら反応しよう、と呼びかけてみよう。

おすすめ1　質問役を育てよう

　始業式、子どもと出会ってすぐのことだった。理科の学習をしていると、「なんで、こうなるんかな」大分弁で男子がぼやいた。ぼくは「いい質問ですね」とテレビの解説者の口ぐせをまねた。

　以来、この子は「なんで、こうなるん？」と繰り返した。本当はみんな思っている。「どうして？」「なんで？」とね。聞き合える関係をつくろう。そのために、まず質問から。質問役は準主役です。

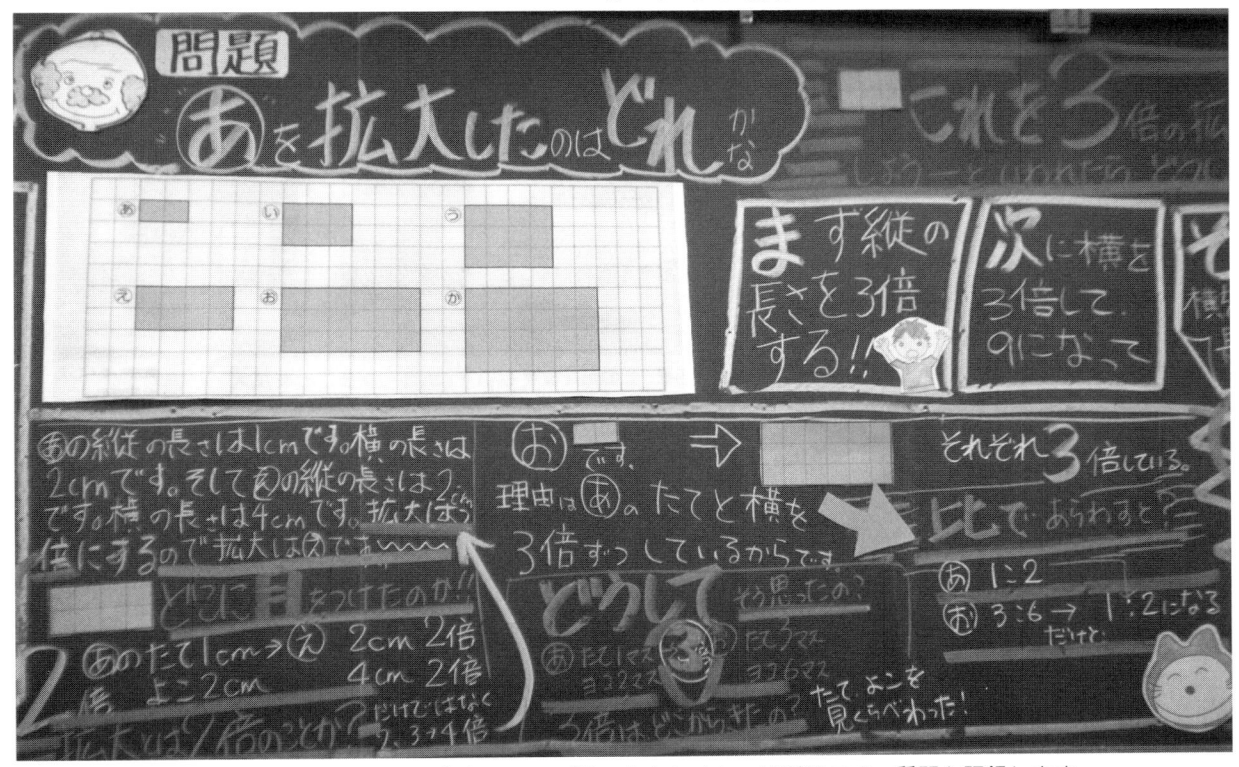

第Ⅲ章　プチ議論を起こせ、クライマックスの15分

●黒板下側「どこに目を」「どうして」「比であらわすと」は質問です。質問も記録します。

おすすめ2　ライバル関係をつくろう

　子どもというのは不思議なもので、あの子が発表したら、黙ってはいられず張り合うライバル。ムッちゃんとカトちゃんもそうでした。まわりもそれを知っていて、「カトちゃん、出番で」と笑いました。こういうライバル関係を意識して育てましょう。

おすすめ3　見つめる。それは出番!

　きみの出番だというのを、どう教えるのか。それは見つめることです。やってみてください。「ああ、ぼくの出番?」と、気づいてくれます。これ人気です。

おすすめ4　まとめ役もいるよ

　討論が盛り上がったとしたら、まとめ役が必要です。

第Ⅲ章　プチ議論を起こせ、クライマックスの15分

〈5〉1日1回、学習班を使おう

　小さなグループ、これを学習班と呼びます。この学習班、授業の中で本当に役に立ちます。でも、どんなふうに使っているのでしょうか。
　その秘密がわかれば、授業は、もっと変化に富むはず…。

授業のシナリオ

赤いチョークは学習班

　まとめの問いを出す時に、
1）赤いチョークをもち、問いを書きました。赤いチョークには、学習班で話し合うかも…という意味が約束に入っています。
2）子どもたちが、考えをノートに書きました。
3）ここで「学習班で話し合おう」と呼びかけます。
4）4分を目安に「はい！　やめてー」、手をパンパンと2回叩きます。

おすすめ① 話し合いは4人ひとチーム

　学習班の人数は、4人がベスト。この4人で役割を分担しすすめます。
❶1番さん……問題を確かめる
❷2番さん……司会をする
❸3番さん……ほめる
❹4番さん……発表する
😊4番さんは、話し合いで出た意見の中で、いいなと思った考えを発表します。班の意見を代表するわけではありません。分担は、月ごとに交代します。

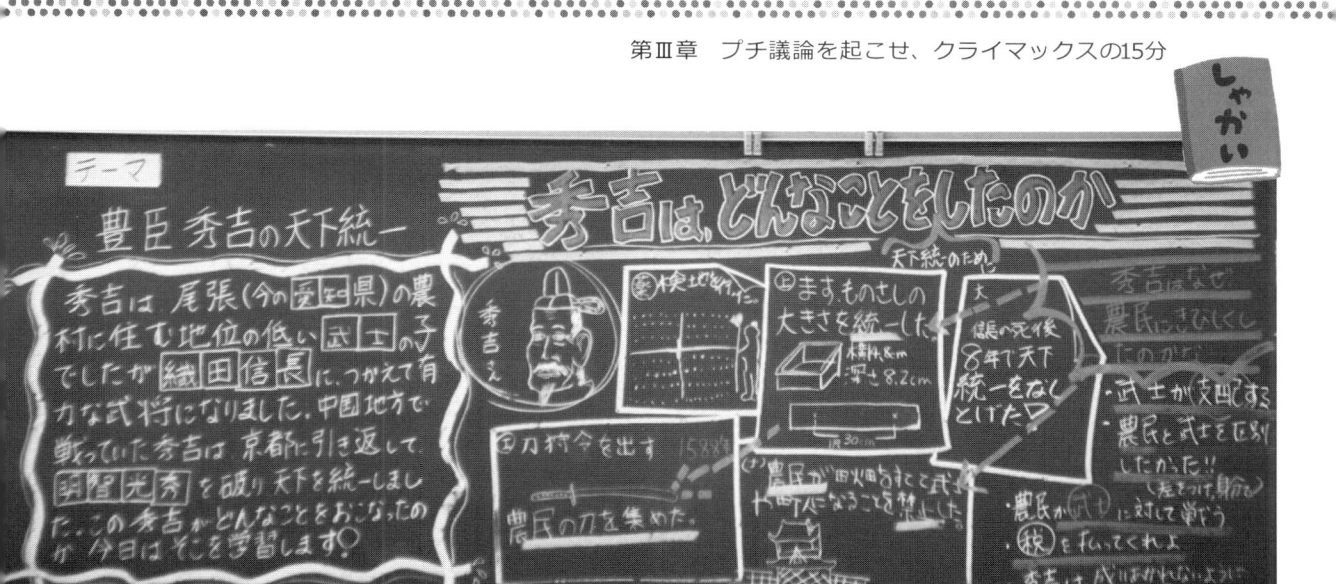

第Ⅲ章　プチ議論を起こせ、クライマックスの15分

●秀吉がどんなことをしたのか調べ、班で出し合ってもらいました。

おすすめ2　学習班のつくり方

　学習班のつくり方は、座っている席です。この席の前後を使って4人グループを作ります。クラスが20人以下なら、3人ひと組ですね。班に偏りがないよう席を変えることもあるよ。これも人気です。

おすすめ3　学習班のいいところ

　子どもたちには、学習班が人気です。どうしてなのか、聞いてみました。

- ほっとできるー！
- 友だちのだとききやすい
- 発言をきくとおもしろい
- やさしく教えてくれる

おすすめ4　お互い信じる道を進もう

　さて、ここで押さえておきたいことがあります。それは、学習班は意見を交流することが目的です。まとめることはしません。もし班で話し合い、まとめたとします。きっとよくできる子の意見に傾くでしょう。考えが分かれた時は、こう言います。「お互いの信じる道を進もう」と。そして、全体の場で勝負してもらいます。

第Ⅲ章　プチ議論を起こせ、クライマックスの15分

〈6〉どこで学習班を使うの？

困った時の神だのみ、じゃなかった、学習班だのみ。3人よれば文殊の知恵。静まり返った授業も、学習班を使うと息を吹き返すよ。できれば毎日1回は使いましょう。学習班で話し合う時間は、4分ぐらいがいいよ。

授業のシナリオ

学習班のつかいどころ

学習班をどんな目的で使うのか。それは、大きく3つあります。

❶出し合う場面

調べたことや考えたことを出し合う。それを聞いて、代表がひとつ黒板に書く。

❷せめぎ合う場面

「最もいいのはどれかな」こんな問いが出て、考えを交換する。自分とは違う考えに接し、考えを深めるはず。

❸ミニ発表会

全体で発言する前に、学習班で意見のやりとりを練習することが目的。

こぎつねカフェ

◆仲のいいクラスって勉強ができるようになるって知ってた？不思議とね、学級づくりが進むと、授業の雰囲気が変わるんだよ。
◆そこで必要なのが学習班だよ。要するに一人学習ではなくて、聞き合う、教え合うことだよ。するとクラスのムードが良くなる。
◆ただし、おしゃべりが増えます。学習班とかけて、都会のカフェと解く。その心は、ざわざわ賑やかです。ザブトン一枚。

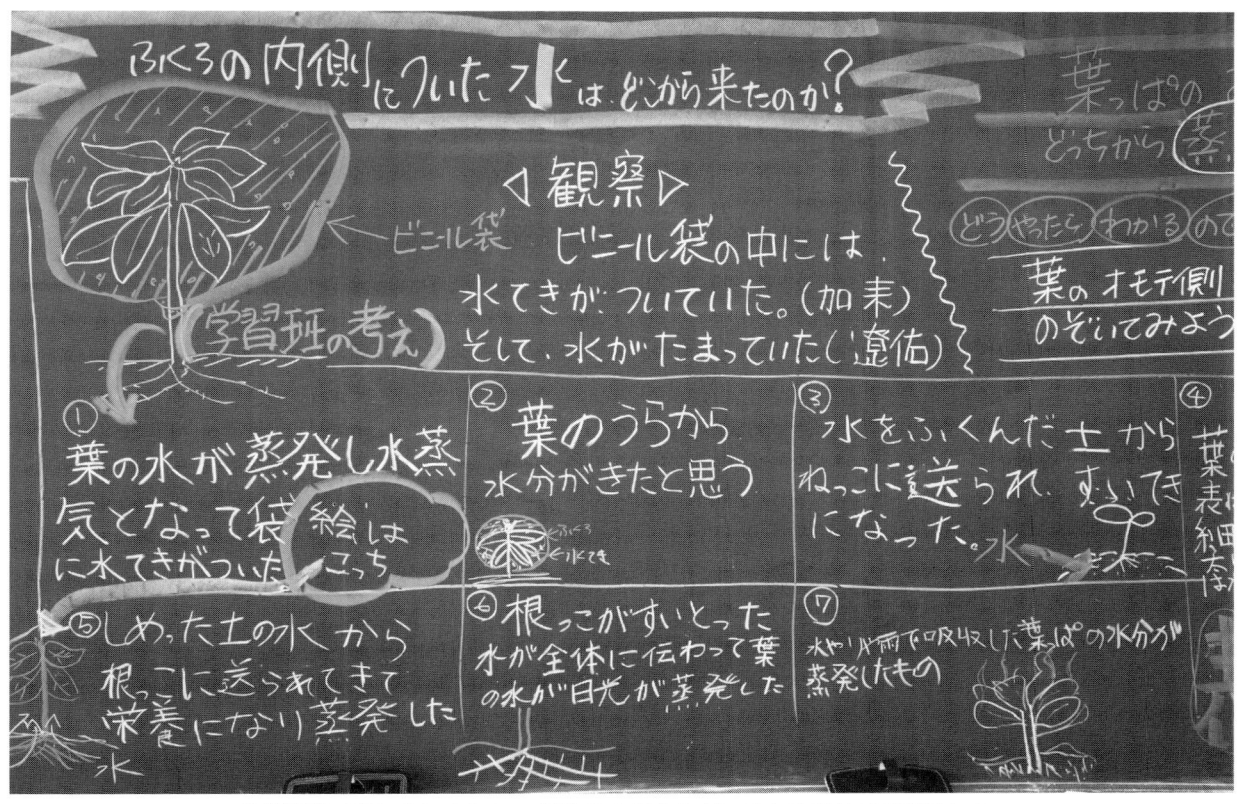

第Ⅲ章　プチ議論を起こせ、クライマックスの15分

●学習班で話し合いました。各班の4番さんが、それを受けて書きました。

おすすめ1　流れで再現すると

　上の黒板の流れを再現します。1番さんが、一人一人に問題を確かめます。
　1番「○○さん、問題は、わかりましたか」
　1番「先生、ちょっと来てください。高杉さんがわからないと言っています」
ぼくは、そこへ行って問題を言い直します。見ている人は、やさしいなあ、と思うはずです。問題を確かめると、次は2番さんが司会をします。
　2番「では、1番さんから考えを言ってください」
　発言すると3番さんが、それぞれ違う言葉でほめます。
　3番「なるほど、いい考えですね」
　教師「4番さん、黒板にあなたがいいと思った考えを書いてください」
　こうやって、前に出てきます。できあがったのが、上の板書です。

おすすめ2　ささやき作戦

　学習班で話し合っている間に、子どものそばで、「同じことは書かんでな」「絵も描いてね」と、ささやこう。個別の声かけが大切だよ。

おすすめ❸ 話し合いの進め方

　これは、子どもにわたしておく話し合いの進め方のカードです。学習班で話し合う時、子どもにラミネートしたカードをわたしています。みなさんも使ってください。

●学習班の使い方

① **問題を 確かめる**
「問題は 何か わかりましたか？」
と 一人ずつに 聞く。
　◎ その時、だれか 一人だけ
　　「では問題を言ってみて！」とつっこむ。
　　（言えたら ほめてね）
　◎ わからなかったら「ちょっときて下さい先生!!」と呼んでネ！

（吹き出し：問題？）

② **司会をする**
「それでは 一番さんから
　考えを 言ってもらいましょう」
と 順に あてる。

（吹き出し：次はあなたです）

③ **ほめる**
一人が 答える ごとに、ほめる。
はげます。
　・そういう考えもあるんですね
　・すごいですね.

（吹き出し：なるほど。）

④ **発言する**
　◎ 先生が 発表してください！ と言ったら
　　自分の考え 思ったことを 発言しましょう。
　　場合によっては 書くことも ありますよ。
　　・わたしは ……… だと思います！
　　　（ぼくは）
　　と言って、質問にそなえてください。

（吹き出し：はい!!!）

第Ⅲ章　プチ議論を起こせ、クライマックスの15分

〈7〉クライマックスの15分、まとめてみると

1 まとめの問いでプチ討論
さてさて、クライマックスの15分。ちょっとは子どもを揺さぶりたい。考えが分かれるような問いを出そう。例えば、「豆太は、本当に弱虫か」なんてね。

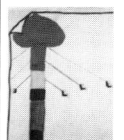

2 討論カードでやりとり
討論を起こすために秘密のアイテム。またの名を隠し味。それが討論カード。あなたに1枚。

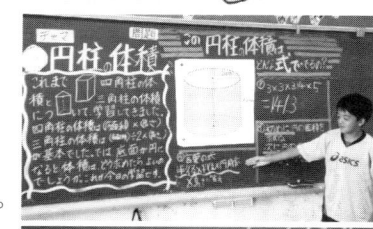

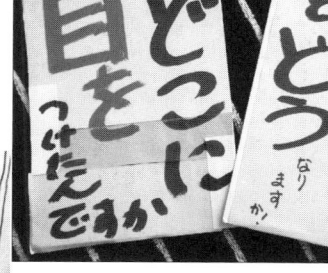

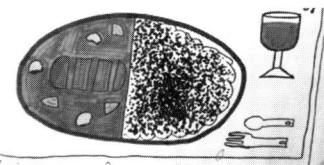

3 学習班で変化をつける
4人組の小さな班、それが学習班。つくってみよう。

4 役者を育てよう　見つめれば手をあげる
学習班を使い意見のやり取りができた時、自然なつぶやきで「そうかなあ」と誰かがつぶやいてくれたら。誰も言わない時「うーん困ったなあ」、ささやいてくれる役者がほしい。

こぎつねカフェ

◆学習班で話し合ったことをまとめないって、どうしてかな。
◇毎年、研究授業を引き受けていた。班を取り入れると、強い子の意見に自信がない人は、なびくって言われてね。
◆でも、学習班で話し合うのは、自信を持つため。だったらまとまらない。出し合うだけにしよう、と思ったんだよ。学習班は交流の場だよ。なに頼む？

◇ちょっとまあ、ケーキを食べよう。腹が減った。働いていて楽しい時ってどんな時？
◆楽しい時はなあ。子どもといい対話や面白い授業ができた時かなあ。あのね、勘違いしないでよ。いい授業って思い通りにいった授業のことじゃないよ。その逆かな。意外な発言や意外な展開のことだよ。これはケーキのこと。

◆ここはピザも美味しいんだよ。好きな物語は、『ごんぎつね』。物語を読むと必ず最後の時間は、自分の物語を書かせる。ごんぎつねだと、ぼくの場合「みぞぎつね」みんな自分の悲しい出来事を書くんだよ。読ませると、読みながら泣くんだよ。いいなあこういう涙。自分を語りたくなるような授業がしたいね。ピザ、まだかなあ。

第IV章

［終わりよければ すべてよし、ラスト5分］

●班で話し合う授業だから、クラスも仲良し

第Ⅳ章　終わりよければすべてよし、ラスト5分

〈1〉授業のポイントを写そう

満足のいく授業はできたかな。静かにはじまって、プチ討論が起これば最高だよ。うまくいったかどうか、黒板を見ればわかるよ。子どもの考えや、やりとりが記録されている板書がいいなあ。さあ、最後はやっぱり写すことだよ。

授業のシナリオ

ポイントを写そう

1）「みんな授業も終わりだよ。今日のポイントを写そう」と声をかけ、ノートに今日のポイントを写してもらいます。
2）「ここがポイントだよ」と、ポイントマークを出します。
3）場合によっては、「まとめ」と書いた枠の中を写すこともあるよ。
　☆写すのには、2分もあったら十分だからね。

おすすめ1　どこを写させるか

授業の終わりにどこを写させるか。それは、まとめのコーナーです。はじめにテーマを書きました。テーマの答えに当たるところ、それがまとめです。

まとめは、赤いチョークで囲みます。でっかく「まとめ」と書き、強調します。

おすすめ2　大切マーク

「ここが大切だよ」と示すためにポイントマークを作っています。ほら、参考書などに使われている矢印マークです。これだけで楽しいよ。

第Ⅳ章　終わりよければすべてよし、ラスト5分

●算数の拡大・縮小積について学習。強調するために矢印を使いました（右上）。

おすすめ3　子どものノート

写し終わると、子どものノートはどうなっているのでしょうか。関心ありますよね。そこで、子どものノートを紹介します。

●児玉郁也くんの算数のノート

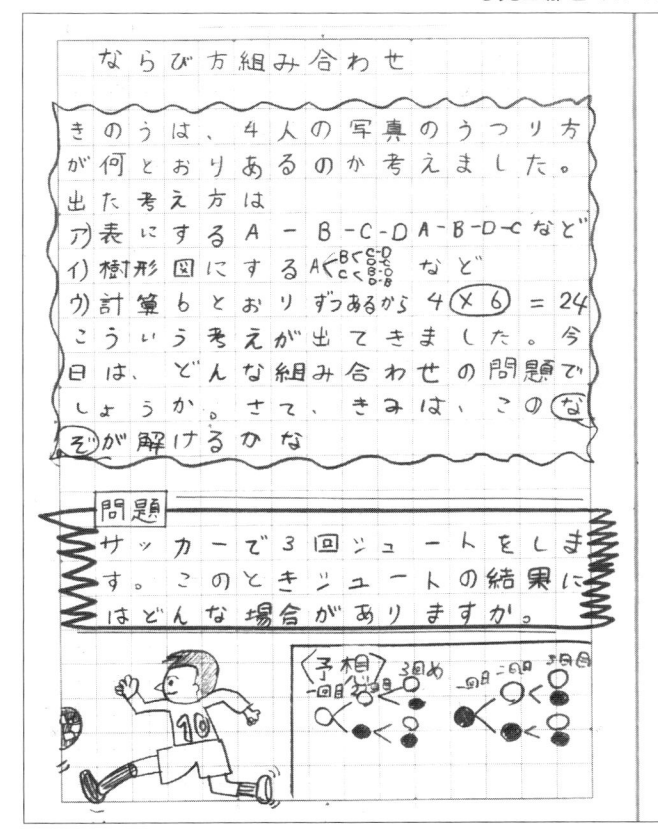

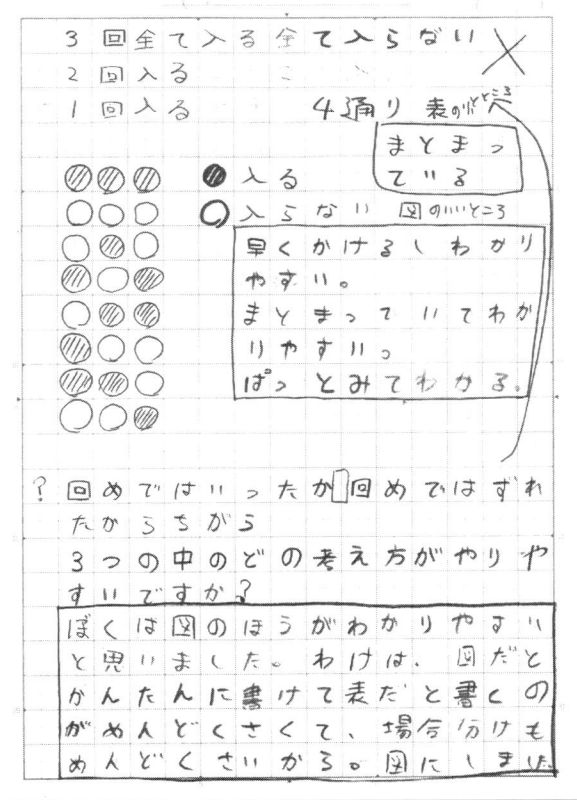

● 近藤葉月さんの社会のノート

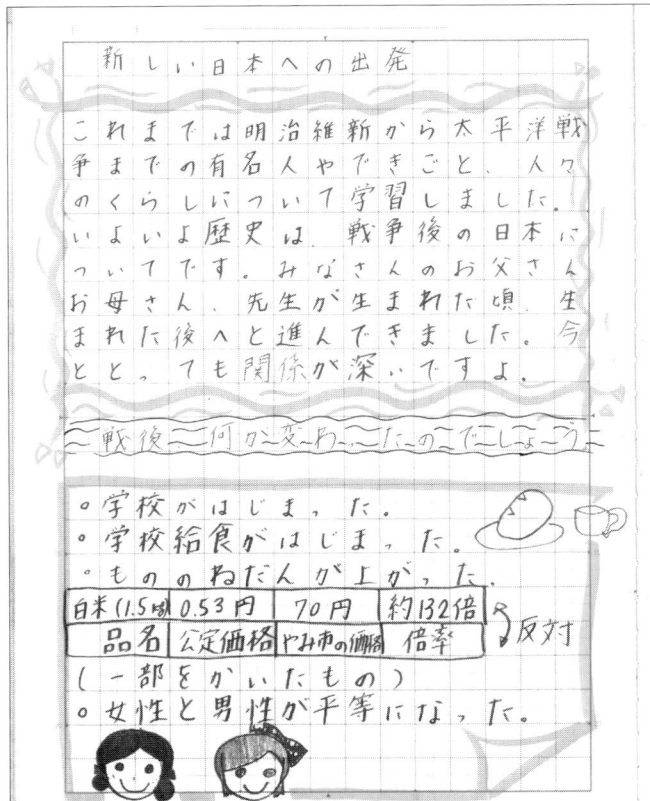

新しい日本への出発

これまでは明治維新から太平洋戦争までの有名人やできごと、人々のくらしについて学習しました。いよいよ歴史は、戦争後の日本についてです。みなさんのお父さん、お母さん、先生が生まれた頃、生まれた後へと進んできました。今ととっても関係が深いですよ。

～戦後～何が変わったのでしょう～

- 学校がはじまった。
- 学校給食がはじまった。
- ものの値段が上がった。

品名	公定価格	やみ市の値段	倍率
日米(1.5kg)	0.53円	70円	約132倍

→反対
（一部をかいたもの）

- 女性と男性が平等になった。

何が1番あなたはうれしいですか？

- わたしは、労働者の権利ができたことがうれしい。わけは、給料がもらえるから。
- あと、学校給食がうれしいです。パンが食べられなかったのに食べられるようになったから。

分かったこと

分かったことは、戦後、何が変わったのか。ということです。もっとさがしたいです。

学校給食	男女平等	軍隊の解散

● 佐藤亮太くんの算数のノート

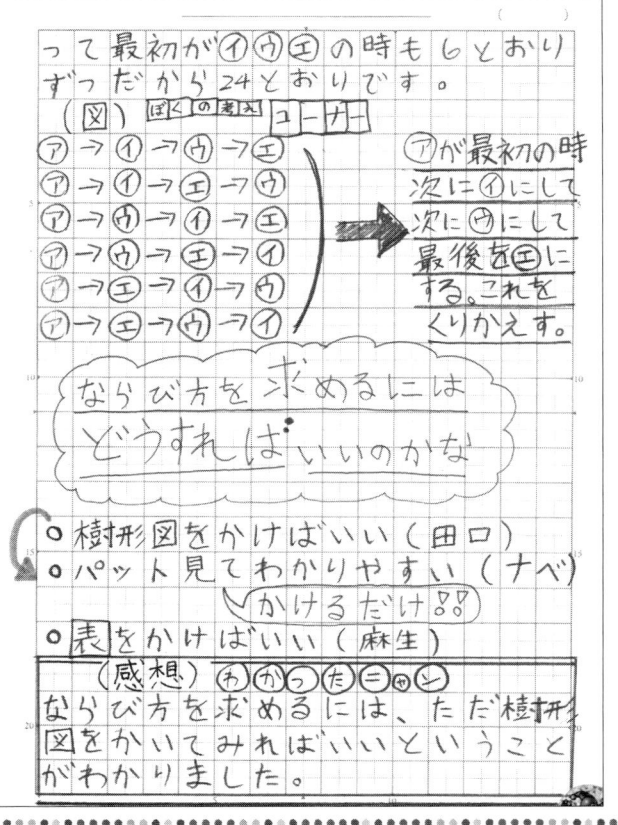

テーマ　ならび方☀組み合わせ

今日から算数は新しいところに入ります。その新しいところの学習ポイントは **ならび方** です。どんな学習かちょっと楽しいですよ。だって計算中心のこれまでの学習とはちがいます。では、どんな内容でしょうか。はじまり♪はじまり～♪♪

問題

クラムボン4人を写真にとります。さて、その **ならび方** は、何とおり？

〈予想〉 24とおり

((わけ))
- 1番最初が㋐の時、6とおりあって最初が㋑㋒㋓の時も6とおりずつだから24とおりです。

(図) ぼくの考え ユーガイ

㋐→㋑→㋒→㋓
㋐→㋑→㋓→㋒
㋐→㋒→㋓→㋑
㋐→㋒→㋑→㋓
㋐→㋓→㋑→㋒
㋐→㋓→㋒→㋑

㋐が最初の時、次に㋑にして次に㋒にして最後を㋓にする。これをくりかえす。

ならび方を求めるにはどうすればいいのかな

- 樹形図をかけばいい（田口）
- パッと見てわかりやすい（ナベ）かけるだけ‼
- 表をかけばいい（麻生）

(感想) わかった＝㋛
ならび方を求めるには、ただ樹形図をかいてみればいいということがわかりました。

●上野瑞季さんの国語のノート

11月14日 木曜日

やまなし
宮沢賢治

十二月の様子を想像しよう。

やまなしの丸い形が水晶のつぶとや、クラムポンについて出し合いました。今日は、十二月へと話をすすめていきます。

・十二月でかにの兄弟から見えたものは何ですか

・水晶のつぶ
・かにの兄弟がいたあたり
・白いやわらかな丸石
・きれいな水
・金雲母のかけら
・かにのお父さん
・月の光
・青いほのお
・底の黒色

11月14日 木曜日

場面をガラッとかえたのは何かな

登場人物
・お父さん
・かにの兄弟
・やまなし

水月
月光
天井・波
木技・景色
あわ・あな
水晶のつぶ
金雲母のかけら

脇役
あたりが見える

水の中

やまなしって何?
どう変えたっていうんですか

わかったこと→ニコニコ三行
かにの子どもらが、トブンと黒いものが落ちてきてこわかったから、言い合いから一緒に追っかけた

今日、わかったことは、十二月の中で兄弟が見たものがいっぱいありやまなしが場面をガラッとかえた。

●佐藤亮太くんの国語のノート

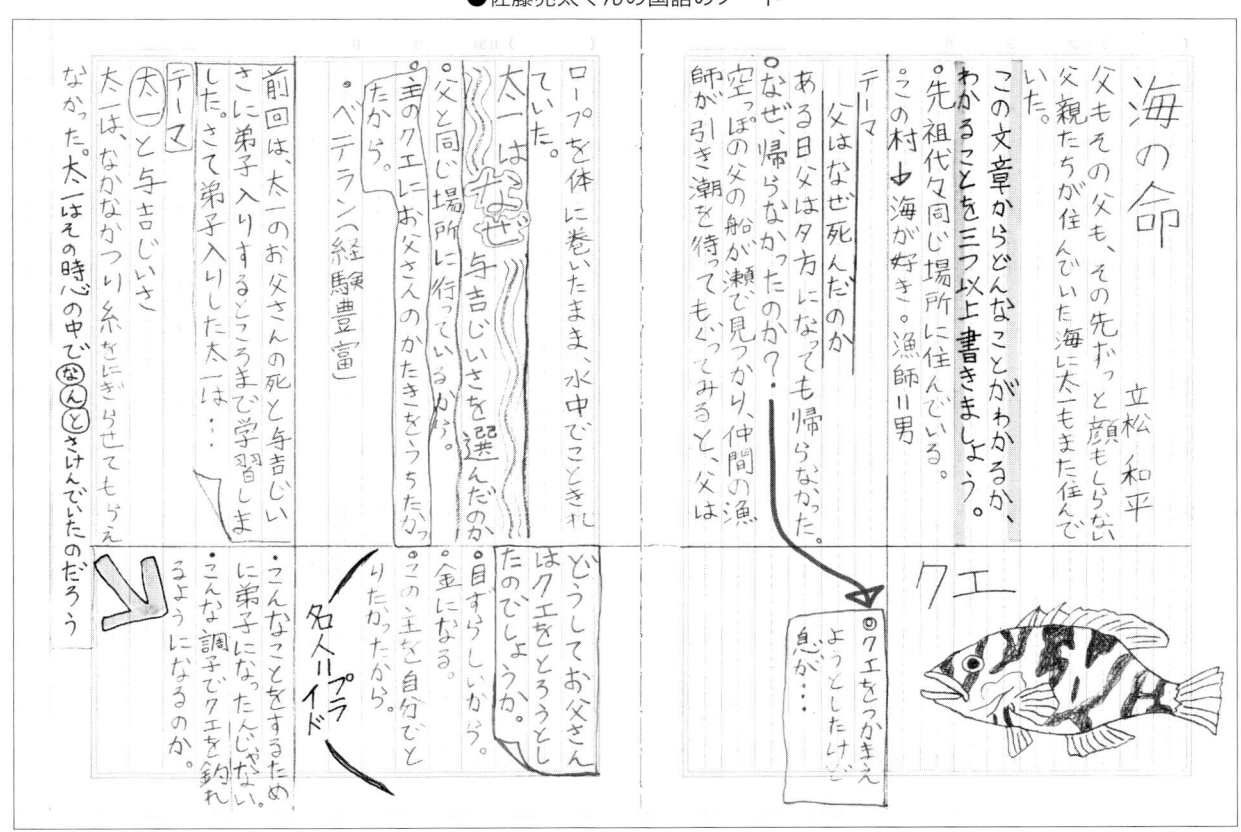

海の命
立松 和平

父もその父も、その先ずっと顔も知らない父親たちが住んでいた海に太一もまた住んでいた。

・この文章からどんなことがわかるか、わかることを三つ以上書きましょう。

・先祖代々同じ場所に住んでいる。
・この村山海が好き。漁師=男

テーマ
父はなぜ死んだのか

ある日父は夕方になっても帰らなかった。
なぜ、帰らなかったのか?
空っぽの父の船が瀬で見つかり、仲間の漁師が引き潮を待ってもぐってみると、父は

クエ

◎クエをつかまえようとしたけど息が...

ロープを体に巻いたまま、水中でこときれていた。

・父と同じ場所に行っているのか。
・主のクエに父と同じ場所に行っているのか。

・ベテラン(経験豊富)

太一は なぜ 与吉じいさを記さに弟子入りしているのか?

前回は、太一のお父さんの死と与吉じいさに弟子入りするところまで学習しました。さて弟子入りした太一は...

テーマ
太一 と 与吉じいさ

太一は、なかなかつり糸をたぐらせてもらえなかった。太一はその時心の中でなんとさけんでいたのだろう

どうしてお父さんはクエをとろうとしたのでしょうか。
・目立ちたいから。
・金になる。
・このクエを自分でとりたかったから。

名人 プライド

・こんなことをするために弟子になったんじゃない。
・こんな調子でクエを釣れるようになるのか。

第Ⅳ章　終わりよければすべてよし、ラスト5分

〈2〉わかったさんの　ニコニコ3行

いよいよ授業もあと5分。ここまでくればもう安心。よくたどり着いたね。でも、ちょっと考えてみよう。いい映画には、いいエンディングがある。学ぶって楽しいなあ、そんな幸せな気持ちで子どもたちを帰せないものか。よし、もうひとがんばり。アイディアを出してみよう！

いい映画は いいエンディングが ある…？

授業のシナリオ　わかったさんのニコニコ3行

時間いっぱい、みっちり行うのは大人の満足。しかし、子どもたちはどれくらいわかっているのだろう。それを把握するのは、やっぱりこれだね。

1）「今日の学習でわかったことを3行、ノートにまとめよう」と、子どもたちに投げかけます。これを「わかったさんのニコニコ3行」と呼んでいます。
2）子どもたちが、ノートにまとめる。
3）「できた人からノートを持ってきてね」、順番にノートを見ます。

おすすめ1　ノートの見方

できた人からノートを持ってきてもらい、その場で見るよ。小さく丸をしながら、「合格。となりの人に教えて」とか「本を読んでね」と、直接言います。ノートにコメントを書くより楽だよ。

チャイムが鳴ると「あとはお持ち帰り」と言っておしまい。チャイムが鳴れば、すべてはリセットです。休み時間はしっかり休もう。

第Ⅳ章　終わりよければすべてよし、ラスト5分

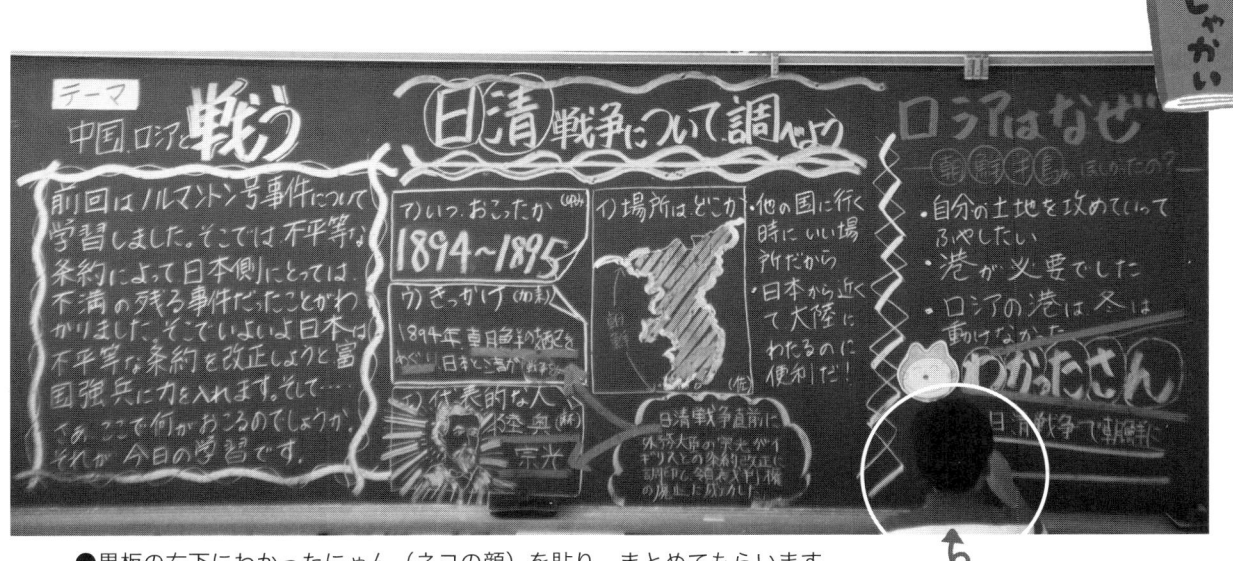

●黒板の右下にわかったにゃん（ネコの顔）を貼り、まとめてもらいます。

ここで書いています。

おすすめ2　まとめを書かせる時

　まとめを書かせる時「3分で書いてね」と、時間を区切ります。「隣同士できたら手を挙げてね」、働きかけが生まれるようにしかけます。また、子どもたちが書き終わると、下の3つのどれかをして終わります。

書いたことを読んで！　　　　　練習問題をして（算数）　　　　ノートを見せてね

おすすめ3　算数リレー

　算数の練習問題を楽しく解くアイディアです。
◆算数リレー
　エンピツをバトンに学習班4人で一人1問、問題を解きます。どの班が速いか競争です。リレーの前に練習タイムを入れることがポイントです。

エンピツがバトンだよ。

第Ⅳ章　終わりよければすべてよし、ラスト5分

〈3〉終わり際に言う言葉

授業もそろそろ終わりです。メッセージを送り「さあ、終わろうか」と微笑みたい。「よくがんばったね。拍手!!」と言って、教室中に拍手の音がひびく。そしてチャイムとともに終わる。ああ、なんて感動的なんだろう。

授業のシナリオ

最後はほめて終わり

最後は、ほめて幸せ気分。では、どうほめるのでしょうか。ぼくは、いつも3つのほめパターンを用意しています。

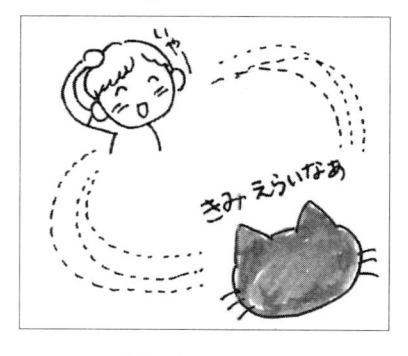

- 個人をほめる
- グループをほめる
- 全体をほめる

おすすめ1　今日の光る発言　子どもの声

こうやって、教師がほめていくパターンに対して、「きみのノートを読んでごらん」と働きかけ、子どもが書いたノートを読んでもらい、子ども同士の感想で授業を締めくくる方法も使います。

「今日、一番発言が光っていたのは、○○さんでした。びっくりしました」、なんて感想が飛び出してくると、それだけで本人もまわりも幸せ気分。子どもの言葉で今日の授業を記録する。やってみませんか。

第Ⅳ章　終わりよければすべてよし、ラスト5分

●これは社会の学習です。歴史上の有名人の似顔絵を描き、覚えてもらいます。顔を覚えると、距離が近く感じるからです。絵を描くのは、子どもたちも大好きです。

おすすめ2　ほめるために子どもの見方3段階

☺できたことをほめる 　　●前と比べてほめる 　　☺伸び率をほめる

おすすめ3　最後は拍手で締めくくろう

　ほめようと思う子どもには、必ず立ってもらいます。
　「○○さん、立ってください。あなたの今日の発言には驚いたよ」と、拍手を送ります。最も子どもが喜ぶのは、「4月の頃のきみは、話もロクに聞いていなかった。それがこんなことを発言するようになるなんて、誰が想像しただろう」なんて言うと、教室は笑いの渦に。そんな時、チャイムが鳴れば最高です。
　終わった後「先生、今日はデジカメで黒板を撮らんの？」と言ってくれると、それはぼくに対するほめ言葉です。にこっと微笑んで写真を一枚。今日も満足、満足。あとは何が起こっても気にしない。授業をしている時が幸せです。

第Ⅳ章　終わりよければすべてよし、ラスト5分

〈4〉全体をまとめてみると

■はじめの10分

1 テーマを書く
チョークをうまく使ってじょうずに書こうね。

チョークの横づかい

2 今日のメニューを書く
行数にして7行程度。書いたら写させる。写したら読ませよう。

分数のわり算

■静かにながれる中盤

3 問いを出そう
カラフルチョークで問いを出そうね。

白 ＋ 緑 赤 青 黄

4 考えをノートに書かせる
子どもたちがノートに考えを書いているこの時間こそ、ひみつの時間。

■プチ討論のクライマックス

5 盛り上がる問いを出そう
子どもたちの考えの出し合いが終わりました。そこで選ばせるまとめの問い。

6 学習班を使おう
4人ひと組です。これで意見は出る、仲は良くなる。

■まとめの5分

7 わかったさんのニコニコ3行
ノートにまとめておしまい。

8 終わり際に言う言葉
今日のヒカル発言は、あの時の…前より考えが深くなったね。拍手！　さあ終わろう。

教えて板書 十人十色
◆サークルの仲間たちの板書紹介

一年生 二年生

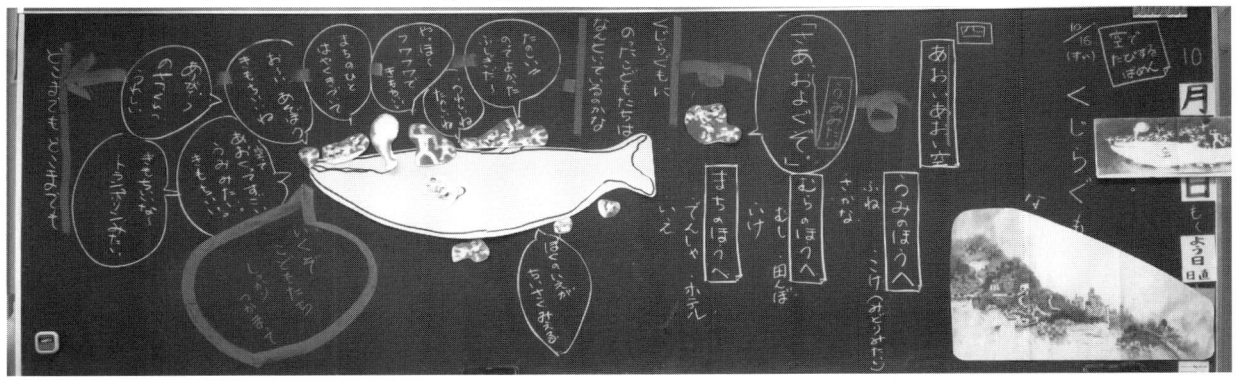

●国語「くじらぐも」の授業での板書です。くじらを中央に置き、イメージを広げようとしました。そして吹き出しを使い、子どもたちがしゃべりたくなるようにしました。大分市／河野 靖（30代）

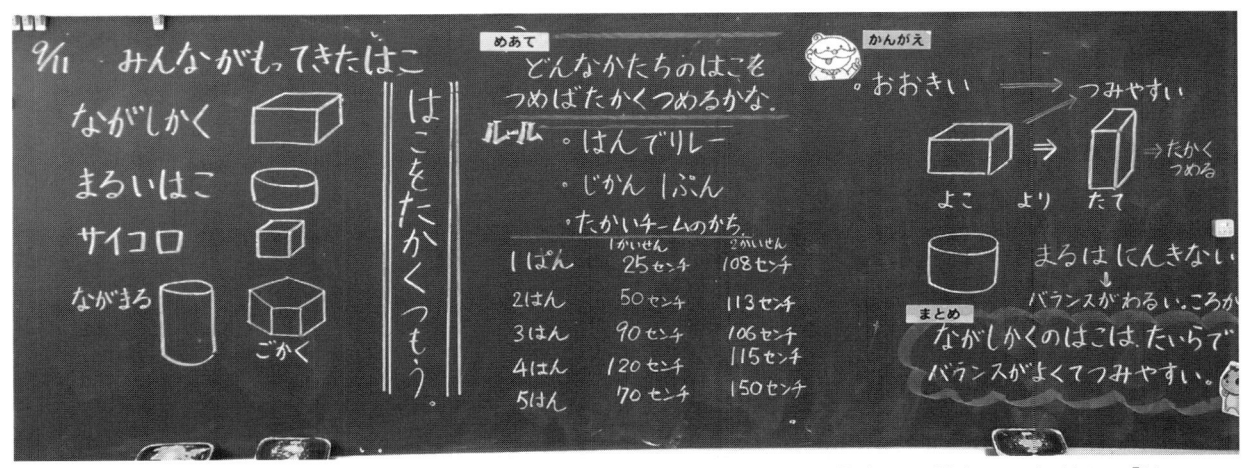

●１年生の算数です。箱の絵をかいて、わかりやすくしました。また横書きを基本にしながら、「はこをたかくつもう」と縦に書いて、何をするか目立たせました。臼杵市／堀 理恵（20代）

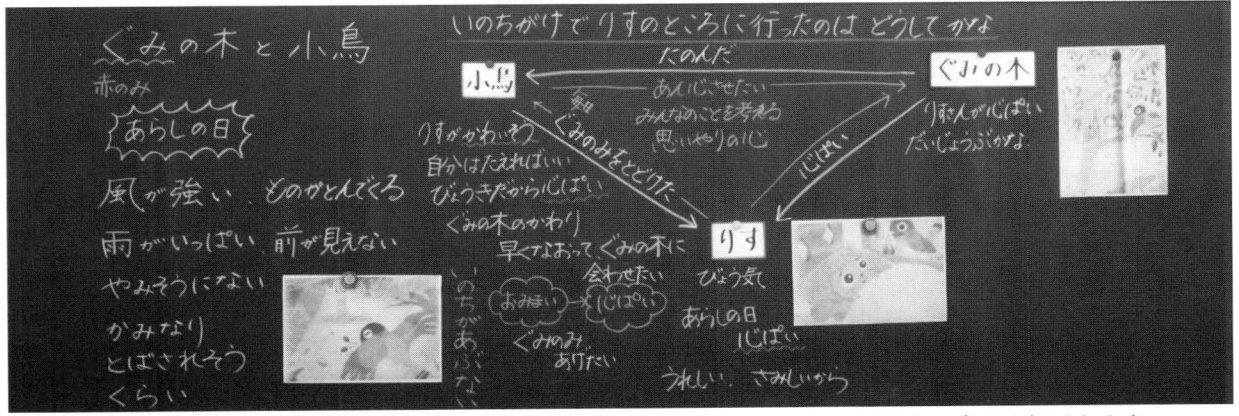

●２年生の道徳の板書です。初めて三者関係を意識して板書しました。子どもの意見を短くわかりやすく位置づけるのがむずかしいです。大分市／小栗 笑（20代）

二年生 三年生 四年生

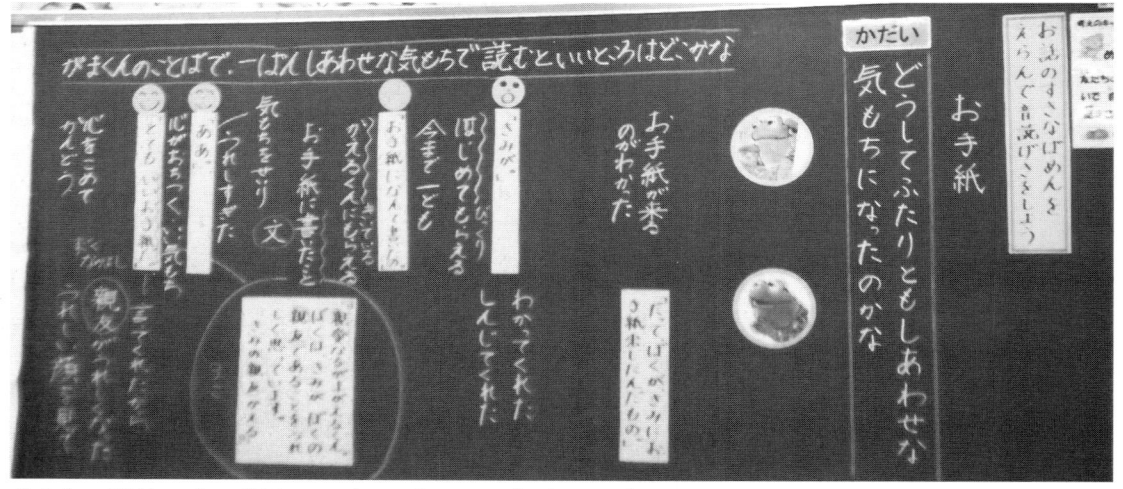

●2年の道徳です。私はシンプルでかわいい板書をめざしています。いつも色分けし、顔マークを使い、視覚的にわかりやすくしています。大分市／小栗 笑（20代）

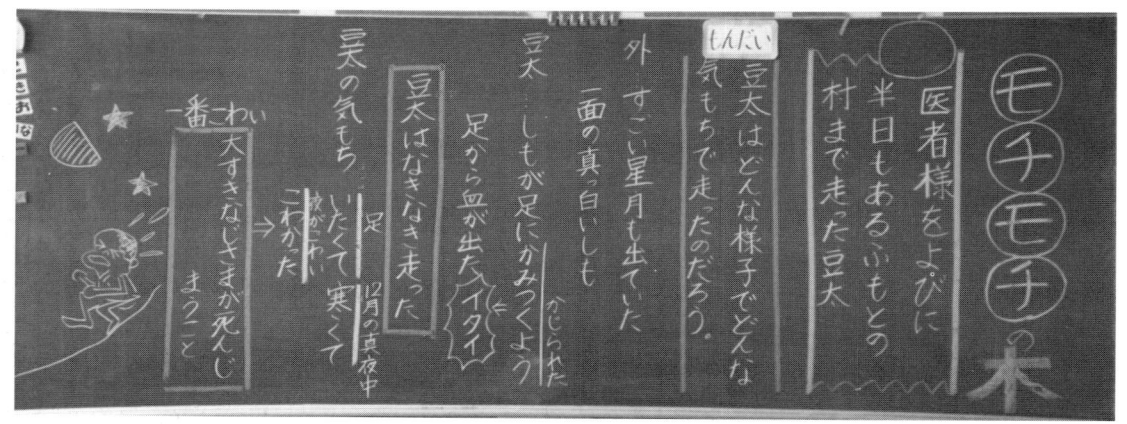

●3年の国語の学習です。私は小さな学校で働いています。授業の流れがわかり、写しやすいように心がけています。佐伯市（30代）

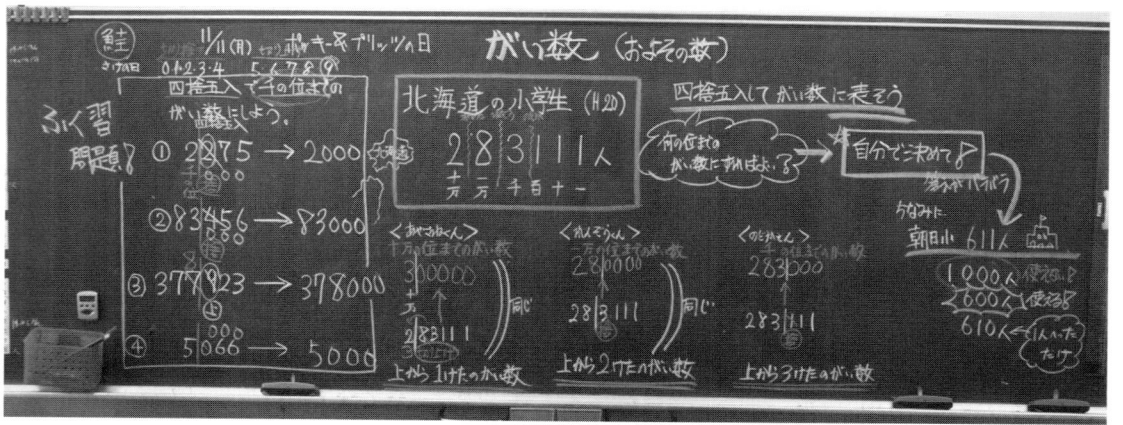

●4年の算数、概数の学習です。子どもと会話し、リズムをつくります。左3分の1を既習学習の確認にあて、多様な考えが出るような課題にします。別府市／小野 晃寛（30代）

四年生

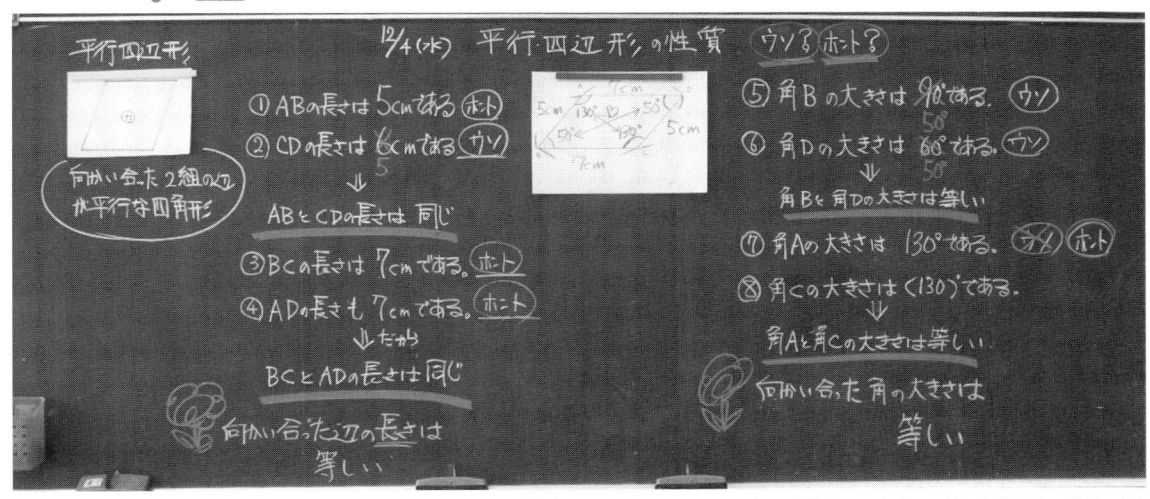

第Ⅳ章　終わりよければすべてよし、ラスト5分

●図形の学習です。ウソ、ホントゲームで実際に測ってみたくなる場をつくり、角や角度、辺に目が向き共通点を引き出すことがねらいです。別府市／小野　晃寛（30代）

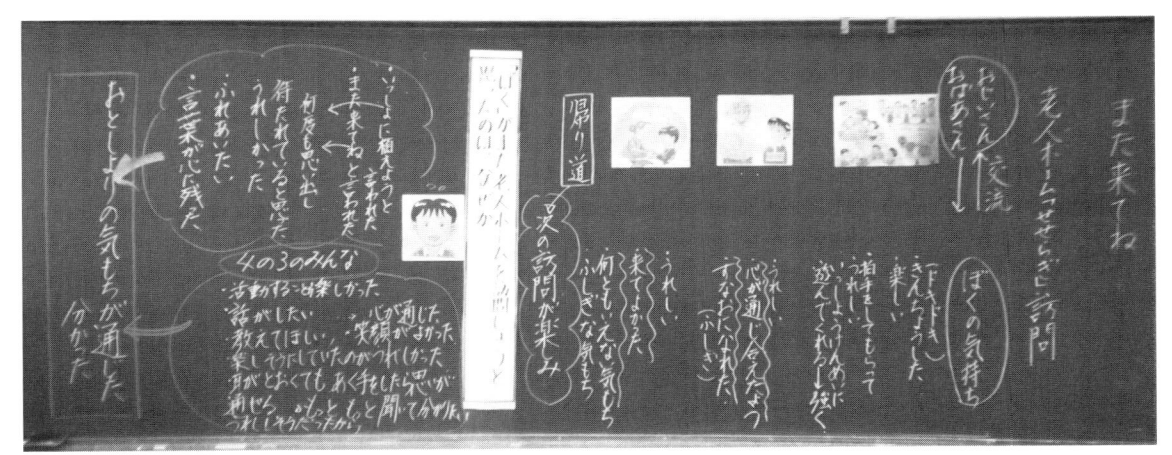

●4年の道徳の授業です。学習したことを思い出せるように絵を貼りました。そして紙に書いた問いを出しました。大分市（50代）

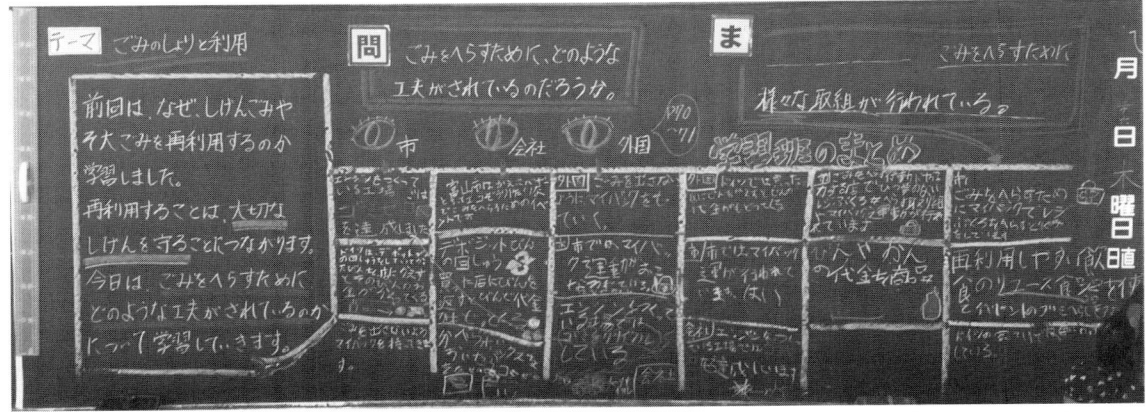

●社会の学習です。問題を出し、子どもたちの考えをどんどん黒板に自分で書いてもらいました。賑やかな板書になりました。延岡市／柴田　晋一郎（20代）

五年生

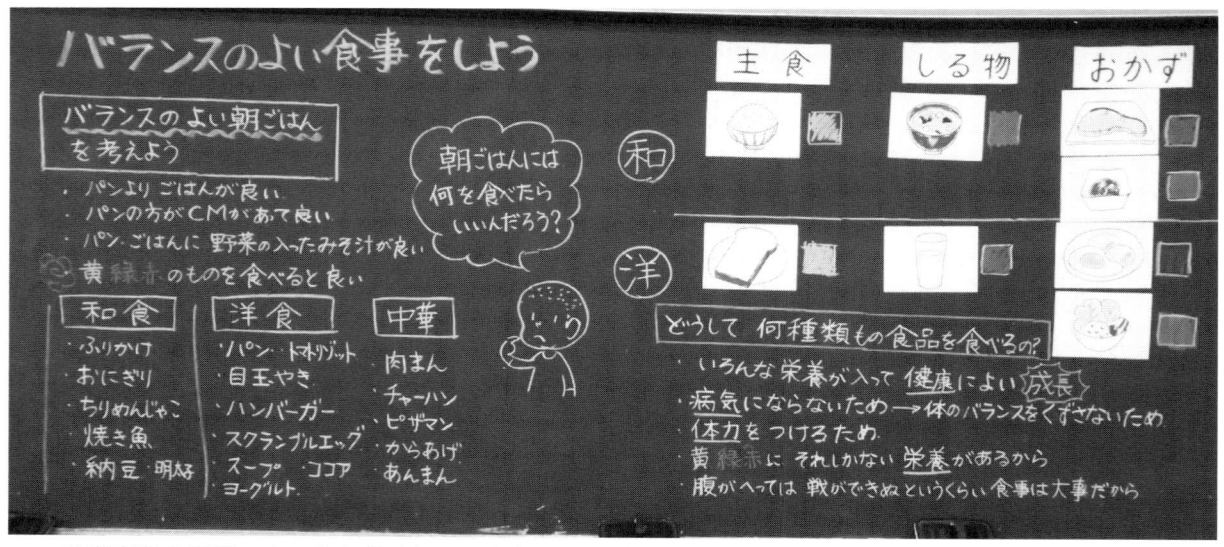

●家庭科の授業です。字を書くところとカードを貼るスペースのバランスを考えました。絵を描いて、その吹き出しの中に問題を書いてみました。大分市／岩本　みよ子

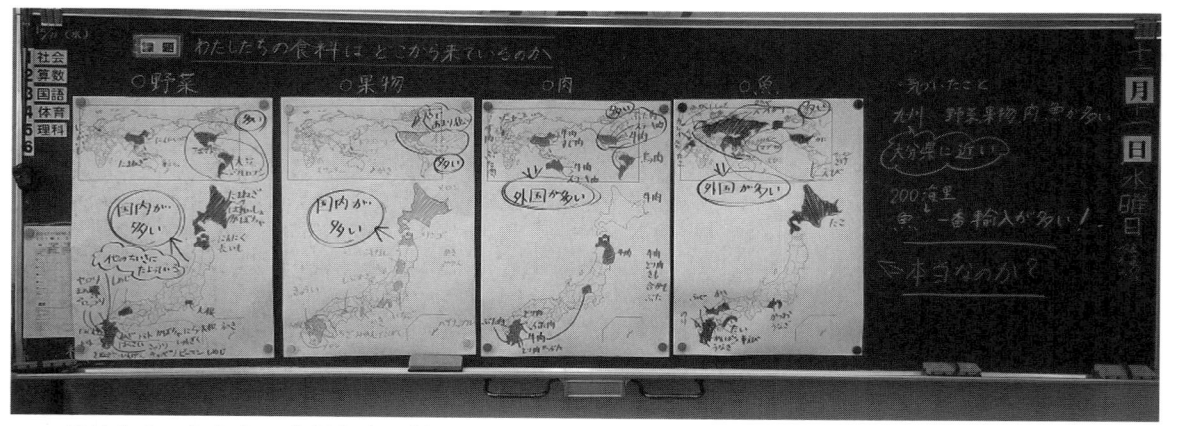

●社会のこれからの食糧生産の学習です。初めに子どもたちに調べてもらい、その模造紙を黒板に貼って問題を出しました。大きく貼って、引きつけようと思いました。大分市／芋瀬　貴夫（30代）

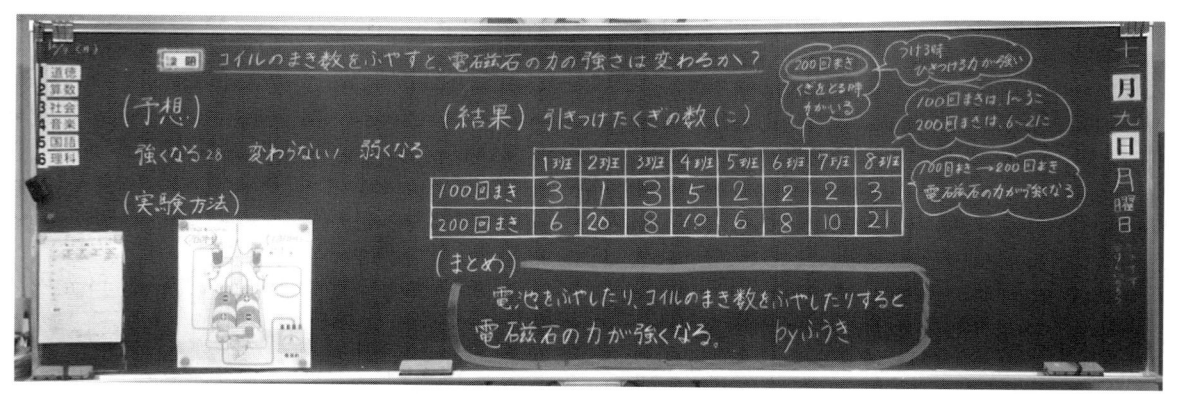

●理科の電流の働きの学習です。予想をさせ、実験をしてその結果を書き込みました。この結果から、子どもたちが考えたことを吹き出しで書きました。大分市／芋瀬　貴夫（30代）

第Ⅳ章　終わりよければすべてよし、ラスト5分

六年生

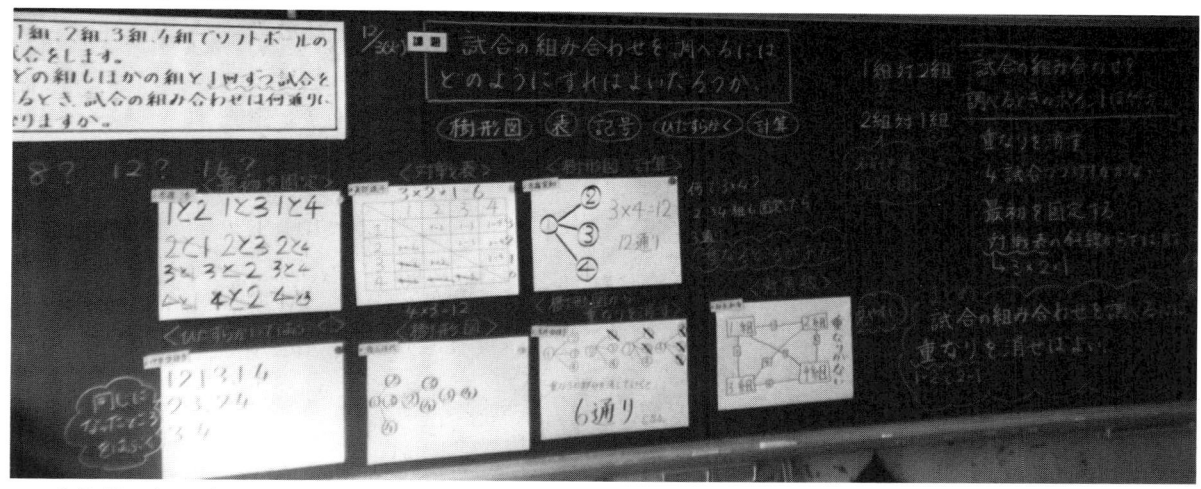

●算数の組み合わせの授業です。なん通りの仕方があるか、紙に書いて考え、その紙を黒板に貼ってもらいました。この考えを説明し、やりとりを起こそうと考えました。大分市／楢原 久美子（20代）

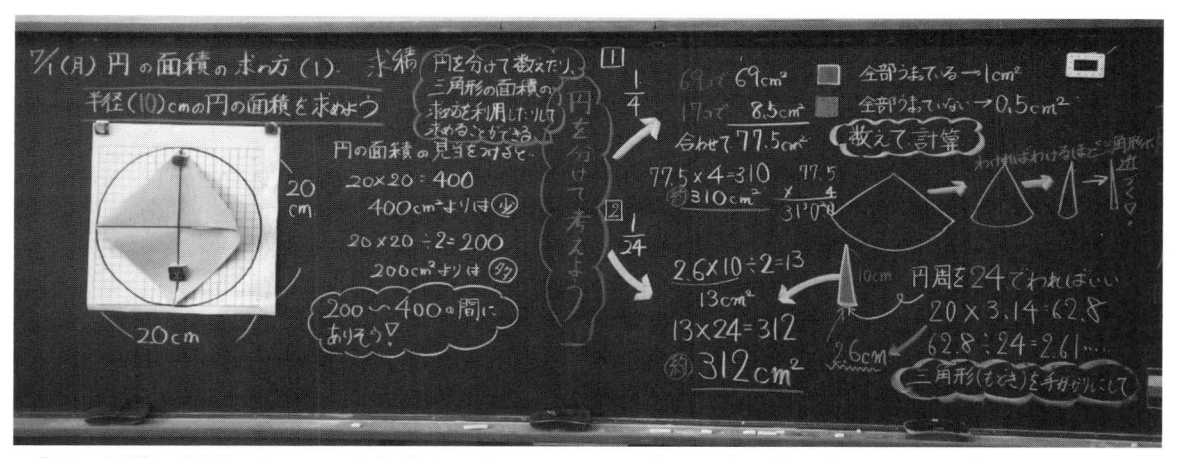

●円の面積の学習です。いつも板書を工夫しています。今回は真ん中に赤色で問題を書きました。説明をわかりやすくするために、矢印や図を入れました。大分市／廣田 哲也（30代）

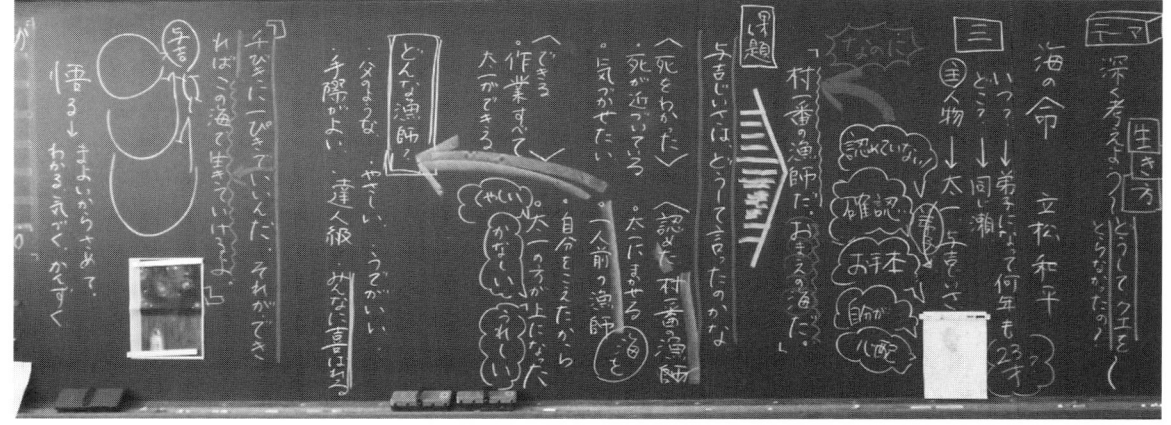

●板書を一枚の図解資料のように、あるときは4コマ漫画のひとこまのようにと考えています。見た目もデザインを重視して、板書を改善しています。出来はどうでしょうか。津久見市／河野 清人（30代）

[65]

ぼく（溝部）の板書

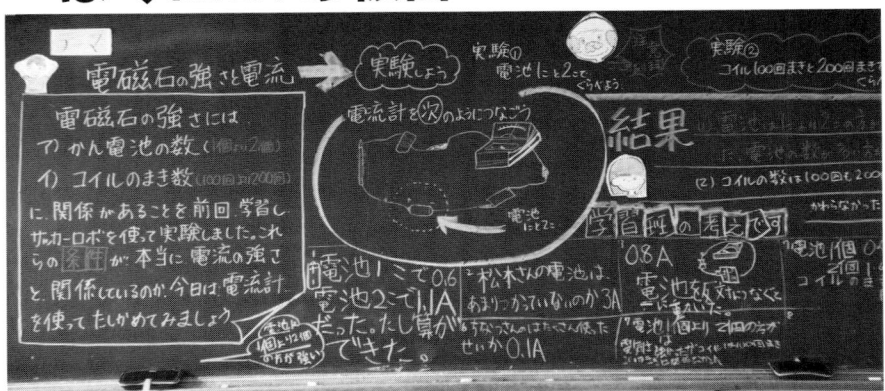

◉これは理科の電流の学習です。初めて真ん中に大きく絵を描きました。すると見栄えがいいので、絵を意識するようになりました。

◉算数の対称の授業です。折り紙を使い、子どもたちがつくった図形を黒板に貼りました。折り紙なのでカラフルな板書になりました。

◉社会の古墳時代の学習です。子どもたちの書くコーナーをつくり、「そこに必ずなにか絵を描いて」と言いました。

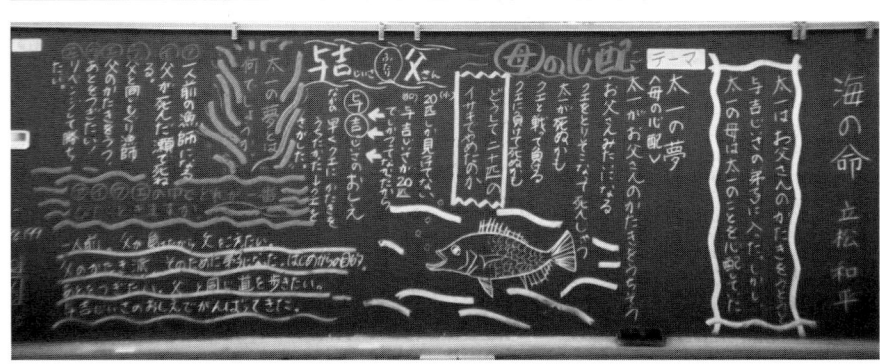

◉国語、海の命の学習です。釣り好きな子にクエを描いてもらいました。左上の問いを海藻風にし、海を意識しました。これも人気です。

第Ⅴ章

［ドタバタ資料室アイディア集］

●ざわざわ村の夕暮れ

ドタバタ資料室　アイディア集

1　教室の入口には名前をつけよう

キャッチコピーをつくろう

　教室の入口は、ふつう前と後ろに2つあります。この入口に名前をつけようというのです。だって、ディズニーランドに行くとゲートに名前があるでしょう。あれと同じです。学級つくりの方針が垣間見えるキャッチコピーがいいですね。

世界はアピールの時代

　世の中はコマーシャルの時代。メディアの影響力は大きいです。ではクラスはというと、各家庭に学級通信を配るくらいでしょうか。そこで、考えたのが入口に名前をつけ、そのゲートを飾るということ。

　入口が前と後ろにあるから、前は学級づくり、後ろは学習に関係あることがいい。それが右の写真です。こうやって、名前をつけ掲示していると、ああ、先生はこんなことを考えているんだと、モノが語ってくれます。

前の入口

言葉さがしの旅に出よう

　これは、ぼくの学習向けキャッチコピー。言葉さがしの旅、言葉を豊かにして、大切にしよう、という気持ちでつけました。こういった掲示物が、子どもたちにささやきかけてくれるはずです。

後ろの入口

第Ⅴ章　ドタバタ資料室　アイディア集

2 今週頑張ることを班ごとに決める

ドタバタ資料室　アイディア集

月曜日はめあてをつくる

　ぼくは、夢がないと生きていけない人間なんです。同じことをただ繰り返すことが苦手です。自分でテーマを考え、話し合いや学習に参加するタイプで、そうやって目標に近づくことを楽しむクセがついています。

　何が言いたいかというと、子どももそうじゃないでしょうか。今週、何を頑張ればいいのか、はっきりしていれば、もっと変わるのでは…と思うのです。そこで月曜の朝、班ごとに何を頑張るか話し合ってもらいます。こちらからも提案します。そして、班で目標を考えます。この目標を考えるところがポイントです。自分たちで立てさせ、自立の道を歩んでもらいます。

たとえばどんな目標なの？

　それは、簡単だよ。だって、盛り上がる授業をしたいんだよね。だったら、「学習の秋、今週は1日1回発表しよう」と、呼びかけます。そして、1週間で何回達成できるか、班で目標数を立ててもらいます。それが左下の写真です。

　右側の写真は、「秋の夜長、読書をしよう」の取り組みです。一週間で何冊本を読むか、個人の目標をたして班のめあてをつくりました。こうやって授業を支える意欲づくりに取り組みましょう。これは、隠し味です。

ドタバタ資料室 アイディア集

3 おしゃべりを減らしたい

わかるよ〜、その悩み

　おしゃべりを減らしたい、それは永遠の課題だね。まず、おしゃべりの質に注目してみよう。このおしゃべりは、学習と関係ない妨害電波なのか。いつも始まりは見ること、観察することから。そして記録する。それから対応を考える。その子への接し方、言い方を決める。あるいは学級集団への働きかけ方を工夫する。

　まとめれば、いい授業をしようと思えば、学級づくりが必要ってことだよ。

おしゃべり回数券

　そこで、いいアイディアがあるよ。それは、おしゃべり回数券。使い方は、こうだよ。
　①まず10枚綴りを全員にわたす
　②おしゃべりを減らしたい授業を指定する
　③おしゃべりをすると切符を切り取る
　④期間は1週間

　2週目になると、学習班（4人）で10枚にします。すると、子どもはどう反応するかな。「ちょっと、おしゃべりやめて！」、しゃべる子を気にかけるようになる。働きかけが大切なんだ。実は、これが学級づくりなんだよ。さあ、3週目はどうなると思う？

　学習班に目標枚数を聞くんだよ。自主目標を立てる。子どもに責任感が出てくるよ。前よりもっと働きかけが生まれるはず。こうやって、遊び心を持って永遠の課題に取り組もう。決して、ゼロになるまで続けたりしないこと。

おしゃべりかいすう券

4 発表を増やしたい

ドタバタ資料室 アイディア集

期間限定で繰り返そう

発表は増やしたい。だれでも思う。でも増やしたいって、どれくらいの人数で、どんな発言を増やしたいのかな。ぼくも、「みんな1日に1回は発言しよう」なんてことを、よく言い出した。すると、こっちも全員が発言できるような問いや授業パターンにしなくちゃならない。そりゃあ大変だった。だから、発表のイメージを明確にすることだよ。

どんなイメージかというと、
- ◆とにかく発表してほしい
- ◆質問を増やしたい
- ◆だれかの発言に絡んでみよう、やりとりを起こしたい

などだよ。ポイントは期間限定。それも3日間とか1週間など短期間だね。これを定期的に繰り返せばいい。

キャラカードでほめる

次に発表を増やすには、やっぱりほめること。それも「1日に2回発表したらキャラカードをあげるよ」これが、ぼくのクラスで人気です。カードを10枚集めると望みが叶う、魔法のカードです。1時間に2回とか、1日に2回発表しようと呼びかけ、それができたら言葉でほめるだけでなく、モノでほめましょう。例えば春夏秋冬、こんなカードはどうかな。

ドタバタ資料室 アイディア集

5 ほめるとき 注意するとき 5・7・5調

朝から注意したくない

授業がはじまりました。でも、本を出していない。こんな場面、毎日のようにありませんか。

ここで、「本とノートを出して！」これは平凡プラン。そこでちょっぴりユーモアプラン。それが俳句の5・7・5調です。

　あべちゃんマン
　　今日もやっぱり　本出して

（練習をしよう）

あべちゃんマン今日もやっぱり本出して（ジロリ）

前を向いていない

授業中です。それも山場にさしかかろうかという、この上もなくいいところ。盛り上がっているのは、担任だけなのか。前を向いていない子がひとり。ここで怒ればしらける。やっぱりここでも5・7・5だ！

　いいところ　こっちを向いて　くださいな

いいところ こっちを向いて くださいな　S先生

キラリ、ヒカル発言

おどろいた　四月のきみとは　おおちがい（パチパチ）

こんどは、ほめるときです。手を挙げて当てた子が、いい発言をしてくれました。だからコンパクトにほめ、笑いもとりたい。

　おどろいた　四月のきみとは
　　おおちがい

6 指名のコツは対角線

ドタバタ資料室 アイディア集

転ばぬ先の智恵

　子どもたちが、ハイハイと元気に手を挙げてきた。こういう時、誰から当てていきますか。ぼくらは子どもたちと年間約200日、顔を合わせるわけだから、性格も知っています。それをいかして、大三角形をつくることを意識しましょう。

対角線で当てよう

　指名の基本は対角線です。「ハイハイ」と手を挙げる子どもの中には、珍しく挙げている子や気になる子がいるでしょう。そんな子をまず当てます。その時も、できるだけ対角線で当てていきます。
　右端の子が発表したら、次は左端の子を当てる。右前の子が発表したら、次は左後ろの子を当てます。こうすると、はじめに当たった子と次に指名された子と教師を結ぶ三角形が大きくなり、子どもたちの集中が続きます。

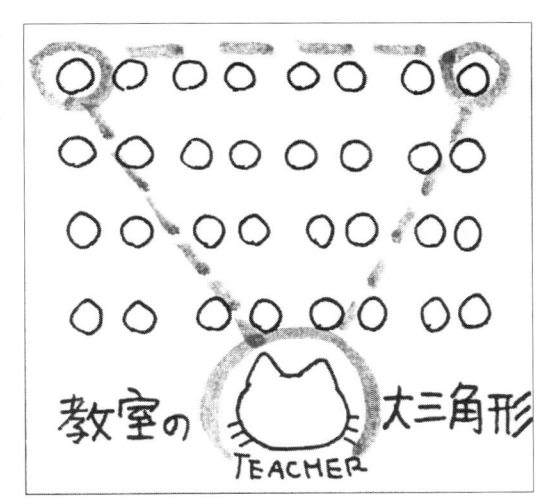

子どもが前で説明する時は

　より多くの子どもを巻き込むことが目的です。発表者がいる時は、できるだけ子どもから遠いところに動きましょう。
　前に子どもが来たら後ろへ。それか、左右の端っこへ。離れたところから子どもに声をかけましょう。

ドタバタ資料室　アイディア集

7 もっと大きな声で言ってください

大きな声を出せよ！

　いますね、教室なのに、小さな声しか出さない人。授業中の発表だよ。
　「もっと大きな声を出せよ！　ここは家より広いんだ」こっちが、大きな声で言いたくなる。それでも言える相手ならいい。本当に声が小さい、気も小さい子だったらどうする？　それで学校に来たくないなんて言わんでー。祈りますね。

ここで作戦タイム

　声の小さい子は、気も弱くやさしい子だとしよう。この子が本を読んだ。聞こえない。「もう少し、大きな声で読んで」注文を出す。でも、何回くらい言うかな。あるいは、これが毎日だったとしよう。1カ月くらいは配慮しても「少しは、大きくならんの」と、こっちの胸の中がモヤモヤしてくる。他の子まで、大きな声を出さなくなる。そこで、とった作戦は……
①「聞こえませーん！」という子を決める
②その子に、聞こえない時に言ってくれと頼む
③忘れていたら、その子を見つめる（合図）
　これで教師の代わりに要求を出してくれる係が登場しました。

作戦は、二枚作戦なのです

　ところがこういう子って、おとなしい子にも無神経に「聞こえませーん」を連発する。すると、相手がしょんぼりしてしまう。
　そこで、連続して「聞こえませーん」と言われたら、気の小さな子の学習班の人に、「これが精一杯なんです。黙って聞いてください」と、守るように頼みました。これで安心して要求も出せる。仲間も実感する。決して、二枚舌作戦ではありません。

ドタバタ資料室 アイディア集

8 おもいっきり怒る時はパペット

怒りたい、叱りたい！

わかるなあ、その気持ち。無理にがまんしないこと。ためるといつか爆発する。
　ぼくも、叱らない教師になろうとして演技したよ。そうしたら、えらく疲れて、サプリメントを飲んだ。がまんするたびに、カルシウムが減るんだよ。お金も減った。感情には感情、怒る時は怒る。

怒る時は、パペットを使おう

　でもね、叱り方はむずかしい。冷静な時に考えておこう。そこでひらめいたのが、パペットを使って叱ること。中本くんが教科書を忘れたとしよう。
ドラ「また忘れたんか。情けない」 
中本「……」
ドラ「何回、忘れたらいいんか」
　怒りにまかせると、こういう展開になる。中本は黙ったまま。怒りは増してくる。ここで優しいパペット（シマ）が登場する。
シマ「怒鳴られると、答えられないわ」
ドラ「繰り返すのが悪いんだ」
シマ「反省しているわ。ねえ、中本くん！」
ドラ「信じられない」
シマ「お願い、もう1回だけ信じてあげて」
ドラ「う――ん……信じる」 
　言いたいことを言うのが、ドラネコパペット。守るのが、シマシマパペット。これでスッキリ。優しさも伝わるはず。

ドラネコパペット

シマシマパペット

ドタバタ資料室　アイディア集

9　小道具をつくろう

小道具をつくろう

自分の魅力に自信がありますか。いえ、働いている時のことです。自分の魅力を補うのがグッズ。ユーモアを交えてつくってみませんか。

小道具大集合

◆まとめ役・わかったニャン

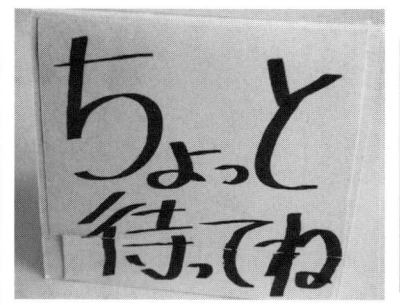

◆忙しい時に渡すカード

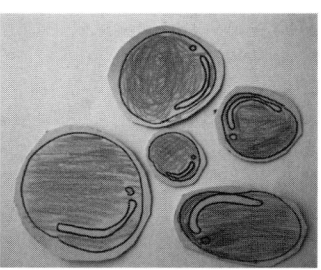

◆『やまなし』で使ったあぶく

◆初めに貼るテーマカード

◆叱るときのパペット

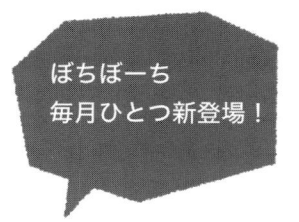

ぼちぼーち　毎月ひとつ新登場！

◆いいことしたらもらえるキャラカード

◆お気に入りのチョーク入れ

◆いい発言に驚く役・マーくん

第Ⅴ章　ドタバタ資料室　アイディア集

ドタバタ資料室　アイディア集

10 曜日ごとに服の色を変えよう

少しずつ派手に、週の終わりは赤

　曜日ごとに服を変える。これは当たり前。だって毎日服は着替えているもん。でも、ここでちょっとだけ子どもに見られていることを意識してみよう。そして週の過ごし方を考えて、服を選ぼう。ぼくの場合はこんな感じだよ。

月曜日は白いシャツに黒いズボン。沈んでます。

火曜日は、白いシャツにグレーの色合い。

水曜日になると、ストライプ系になる。上向きです。

木曜日は、色合いは地味だけど、お気に入りの服。

金曜日は、赤。お気に入りの色でルンルン。

マフラーです。靴下ではありません。靴下にも気持ちを入れてます。

❖実は、服を選びながら自分の気持ちをコントロールしています。月曜は沈んだ気持ちで行けば、怒りもせず、敏感に反応もせず終える。金曜は、疲れている自分を励ます意味でエネルギーの色、赤。週の山場は、水曜か木曜あたりにやってきます。自分なりに計画を立て、楽しい週が送れるようにマネージメントしてみましょう。きっといい授業ができます。楽しい毎日が送れます。

おわりに

　ぼくは、学級づくりのサークルに参加しています。そこで、クラスのことや子どもたちのことを、夜遅くまで話しています。

　ある時「どんなふうに授業をしているんですか」と、聞かれました。ぼくは、どう答えたものか困りました。授業と学級づくりは、深く関係しているからです。学級づくりの基本は、安心できる居場所をつくることです。

　この考えを授業に置き換えたらどうなるのか。だんだんチャレンジする気持ちが高まりました。

　そんな時です。ある人がサークルに授業の板書を記録したノートを持ってきました。これを見て、ぼくも板書を記録していこうと思ったのです。

　思っていると不思議なもので、カフェに入ると素晴らしいメニューボードと出会いました。それがきっかけで、この本が生まれました。

　そして、この本の随所にある愉快なカット。このカットは、同じ職場の岩本みよ子さんによるものです。楽しいカットをありがとうございます。

　最後になりましたが、いろいろとアドバイスをしてくださった高文研の金子さとみさん、レイアウトの工夫をしてくださった小林彩さん、深く感謝しています。本を出すことが決まってからも、板書の仕方や授業のスタイルを考え実践しました。この本は、授業の形をつくりたい、板書の仕方を学びたい人にぴったりの本です。みなさん、読んでくださいね。

　　2014年2月

　　　　　　　　　　　　溝部　清彦

サークルの人と北海道にて

翌年、京都へ行きました

石垣島の研修会で

溝部 清彦（みぞべ きよひこ）

大分大学を卒業後、小学校の教師になる。そこで俳優・西田敏行さんのお義兄さんと出会い、人生の転機となる。現在、全国生活指導研究協議会研究全国委員。著書に『少年グッチと花マル先生』『子どもをハッとさせる教師の言葉』『子どもと読みたい子どもたちの詩』（以上、高文研）『がちゃがちゃクラスをガラーッと変える』『これで成功！ 魔法の学級イベント』（以上、共著・高文研）『集団づくりをゆるやかに、しなやかに』（共著・明治図書）『シリーズ・学級崩壊・低学年』（共著・フォーラムA）『学びと自治の最前線』（共著・大月書店）などがある。北は北海道、南は沖縄・石垣島まで講演し、現在は海外の日本人学校で講演することを夢見ている。

ドタバタ授業を板書で変える

● 2014年 3月15日　─────── 第1刷発行

著　者／溝部 清彦
発行所／株式会社 高 文 研
　　　　〒101-0064 東京都千代田区猿楽町２－１－８
　　　　TEL 03-3295-3415　振替 00160-6-18956
　　　　http://www.koubunken.co.jp
　　　　印刷・製本／シナノ印刷株式会社

★乱丁・落丁本は送料当社負担でお取り替えします。

ISBN978-4-87498-537-3　C0037

◆教師のしごと・小学校教師の実践◆

ねぇ！聞かせて、パニックのわけを
●発達障害の子どもがいる教室から
篠崎純子・村瀬ゆい著　1,500円
発達障害の子の困り感に寄り添い、ユニークなアイデアと工夫で、子どもたちの発達をうながしていった実践体験記録！

がちゃがちゃクラスをガラーッと変える
篠崎純子・溝部清彦著　1,300円
生活指導のベテラン二人が自らの実践で伝える学級指導の「知恵」と「技」。子どもとの対話に強くなる秘策満載！

学級崩壊
●荒れる子どもは何を求めているのか
吉益敏文・山﨑隆夫他著　1,400円
「死ね」「教師やめろ」の子どもの罵声。教師の苦悩の記録を基に、子どもの荒れの背景に迫り、学級立て直しの道を探る。

保護者と仲よくする5つの秘訣
今関和子著　1,400円
なぜ保護者とのトラブルが起きるのか？その原因をさぐり、親と教師が手をつないで子育ての共同者になる道を探る！

"遊び心"で明るい学級　学級担任「10」のわざ
齋藤修著　1,400円
子どものほめ方にも、四つの段階があります。注意も怒鳴らなくていい方法があります。若い世代に伝えたい「10」のわざ！

はじめて学級担任になるあなたへ
野口美代子著　1,200円
新学期、はじめの1週間で何をしたら？問題を抱えた子には？もし学級崩壊したら…ベテラン教師がその技を一挙公開！

1年生の学級担任になったら
新居琴著　1,500円
子どもの荒れはヘルプのサイン！工夫がいっぱい、アイデアがいっぱい。どの子も安心して過ごせる学級の秘密を公開。

のんちゃん先生の楽しい学級づくり
野口美代子著　1,300円
着任式は手品で登場、教室はちょっぴり変わった「コの字型」。子どもたちの笑顔がはじける学級作りのアイデアを満載。

子どもをハッとさせる教師の言葉
溝部清彦著　1,300円
「言葉」は教師のいのち。子どもの心を溶かし、子どもを変えたセリフの数々を心温まる20の実話とともに伝える！

子どもと読みたい子どもたちの詩
溝部清彦編著　1,500円
新学期、初めての出会いから別れの季節まで、子どもたちの生活を綴った詩と担任による解説。詩作指導の秘訣を紹介！

少年グッチと花マル先生
溝部清彦著　1,300円
現代日本の豊かさと貧困の中で生きる子どもたちの姿を子どもの目の高さで描いた、教育実践にもとづく新しい児童文学。

これで成功！魔法の学級イベント
猪野善弘・永廣正治他著　1,200円
初めての出会いから三学期のお別れ会まで、子どもたちが燃えリーダーが育つ、とっておきの学級イベント24例を紹介！

社会

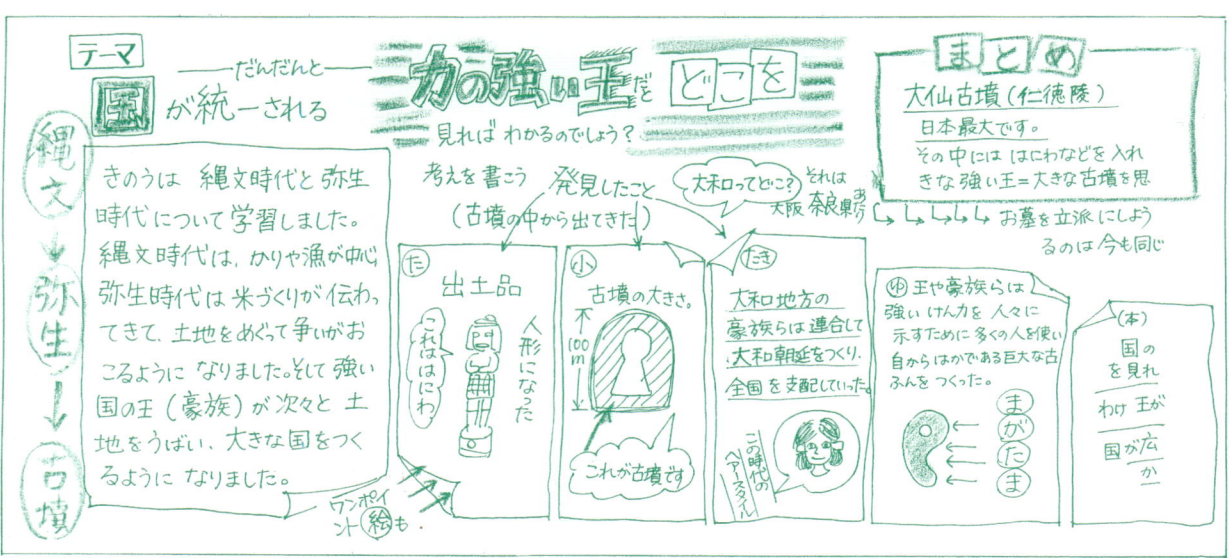

テーマ: 国が統一される —だんだんと— 力の強い王だとどこを見ればわかるのでしょう？

縄文 → 弥生 → 古墳

きのうは 縄文時代と弥生時代について学習しました。縄文時代は、かりや漁が中心、弥生時代は 米づくりが伝わってきて、土地をめぐって争いがおこるようになりました。そして 強い国の王（豪族）が次々と 土地をうばい、大きな国をつくるようになりました。

考えを書こう（古墳の中から出てきた）発見したこと

(た) 出土品 — これははにわ / 人形になった

(小) 古墳の大きさ 不100m — これが古墳です

(だ) 大和地方の豪族らは連合して大和朝廷をつくり、全国を支配していた。大和ってどこ？ それは大阪 奈良県あたり（この時代のヘアースタイル）

(ゆ) 王や豪族らは 強いけんカを人々に示すために多くの人を使い、自からがである巨大な古ふんをつくった。 まがたま

(本) 国のを見れわけ 王が / 国が広か

まとめ
大仙古墳（仁徳陵）
日本最大です。
その中には はにわなどを入れ
きな強い王＝大きな古墳を思
お墓を立派にするのは今も同じ

ワンポイント絵も。

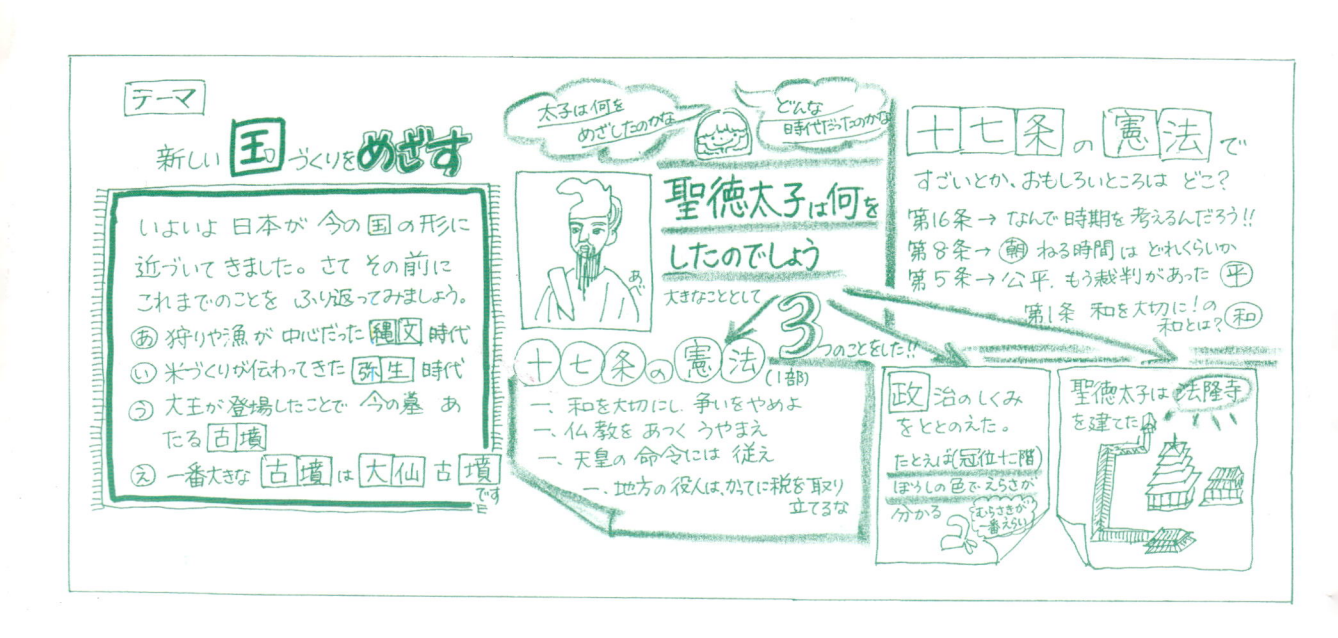

テーマ: 新しい国づくりをめざす

いよいよ日本が 今の国の形に近づいてきました。さて その前にこれまでのことを ふり返ってみましょう。
あ 狩りや漁が中心だった 縄文 時代
い 米づくりが伝わってきた 弥生 時代
う 大王が登場したことで 今の墓 あたる 古墳
え 一番大きな 古墳 は 大仙 古墳です

太子は何をめざしたのかな / どんな時代だったのかな

聖徳太子は何をしたのでしょう

大きなこととして 3つのことをした!!

十七条の憲法（1部）
一、和を大切にし、争いをやめよ
一、仏教をあつく うやまえ
一、天皇の命令には 従え
一、地方の役人は、かってに税を取り立てるな

政治のしくみをととのえた。
たとえば（冠位十二階）
ぼうしの色で、えらさが分かる → むらさきが一番えらい

聖徳太子は 法隆寺を建てた

十七条の憲法で すごいとか、おもしろいところは どこ？
第16条 → なんで時期を考えるんだろう!!
第8条 → (朝) ねる時間は どれくらいか
第5条 → 公平 もう裁判があった (平)
第1条 和を大切に！の 和とは？(和)